무엇이 _{독일, 미국, 한국 학교 혁신의 힘}
학교 혁신을
지속가능하게 하는가

이 저서는 대한민국 교육부와 한국연구재단 사회과학연구지원(SSK) 사업의
지원을 받아 수행된 연구임(NRF-2012S1A3A2033600).

무엇이 학교 혁신을 지속가능하게 하는가

독일, 미국, 한국 학교 혁신의 힘

권성호 · 김현철 · 유병규 · 정진헌 · 정훈 지음

맘에드림

무엇이 독일, 미국, 한국 학교 혁신의 힘
학교 혁신을
지속가능하게 하는가

발행일   2015년 8월 31일 초판 1쇄 발행
지은이   권성호, 김현철, 유병규, 정진헌, 정훈
발행인   방득일
편 집   신윤철
디자인   강수경
마케팅   김지훈

발행처   맘에드림
주 소   서울시 중구 퇴계로길 48길 26(묵정동 31-2) 2층
전 화   02-2269-0425
팩 스   02-2269-0426
e-mail   nurio1@naver.com

ISBN 978-89-97206-33-9 93370

어른들은 항상 개선하려는 의욕으로 아이들과 학교와 더불어 진화해야 한다.
안정되어 있는 모습은 얼핏 보기에 좋을지 모르지만
곧잘 '침체'로 이어질 수 있다. 안정과 침체는 동전의 양면과 같다.
겉보기가 아니라 교육의 알맹이가 항상 풍부한 변화를 거듭하는 학교야말로
아이들에 자극을 주고, 동기를 부여하며, 상상력을 키워줄 수 있다.

- 후지하라 가즈히로 -

지난 2009년 제1대 민선 교육감 선거에서 김상곤 전 경기도 교육감의 핵심 공약으로 등장한 혁신학교 모델은, 2015년 3월 현재 전국에 816개의 혁신학교가 운영 중일 정도로 이른바 '바람'을 일으키고 있다. 암기 위주의 주입식 교육에서 벗어나 소통과 협력의 학교운영으로 학생과 교사 모두를 위한, 질 높은 학교교육을 하자는 뜻에서 시작된 혁신학교는 지방자치 선거와 함께 혁신학교 신설이나 확대를 공약으로 내세운 많은 후보들이 교육감에 대거 당선되면서 현실화된 것이다.

하지만 이렇게 혁신학교가 급속히 확대되면서 일부에서는 혁신학교 간 질적인 편차가 커지는 부작용도 나타나고 있다. 학교장 등 학교 관리자가 여전히 기존의 수직적 권위를 버리지 못하고 교사들과 갈등을 빚거나 전체 교사들이 혁신학교의 취지와 철학에 동의하지 않아 변화의 동기와 힘을 찾지 못하는 경우들이다. 학교의 민주적 운영과 소통과 협력의 교실 문화 및 수업 방식 등 혁신학교 본래의 의도와 목적은 소홀히 하고 주어지는 예산으로 시설 투자나 일회용 프로그램 운영 등으로 사실상 '무늬만 혁신'인 학교들이 현실적으로 존재하는 것이다.

따라서 지금은 우리가 지난 5년간 우리 사회에서 학교 혁신의 바람이 어떻게 진행되어 왔으며, 이 과정에서 드러난 문제들과 앞으로 혁신학교의 구체적인 역할이 무엇인지를 새롭게 정리해내는 일이 시급하다고 할 수 있다. 무엇보다 혁신학교들이 일시적인 바람이 아니라 지속가능한 교육운동으로서 교육 현장에 정착하기 위해서는 미래적 혁신 교육의 철학이 필요하다. 교사 스스로 바뀌면 수업이 바뀌고 자연스레 아이들도 변하게 된다. 민주적이고 자율적인 학교문화에 익숙해지면 교사와의 관계뿐 아니라 같은 또래 아이들의 관계 형성도 더 활발해지고 적극적으로 나타나는 것이 각국 '혁신학교' 사례들에서 보편적으로 나타나는 현상이다. 그리고 그러한 변화의 출발점은 인간의 사회성 발달이라는 교육의 본래 목적을 새롭게 재정립하는 일과 교사와 학생, 학부모 등 교육 주체들 간의 믿음일 것이다.

이 책은 이러한 저자들의 오랜 문제의식과 연구들을 바탕으로 각국의 미래 교육 전략이라는 큰 방향 아래 특히 혁신적인 학교 변화를 가져온 독일, 미국, 한국 사례들을 재구성해 현재 한국 사회 교육 혁신의 성과와 한계를 객관적으로 짚어보자는 취지로 준비되었다.

먼저 1장은 독일 괴팅겐 통합학교(IGS Göttingen) 이야기로 사람이 바뀌더라도 흔들림 없이 지속가능한 '혁신학교' 운영에 초점을 맞췄다. 수평적 의사결정 과정과 소통과 협력의 교실 문화를 자율적으로 만들어 나갔던 독일 괴팅겐 통합학교 사례를 소개한다. 이러한 독일의 사례는 무엇보다 특수한 역사적 배경 안에서 고안된 혁신 학교 모델이라는 점, 성적표를 폐지함으로써 서열화를 통한 선별제를 거부한 점, '책상그룹 저녁 모임'에서 보이듯 학부모 참여가 중요하다는 점을 보여준다. 특히 독일 사례는 소통과 협력, 민주와 자율의 가치를 공교육 공간 안에서 지역공동체를 중심으로 실현함으로써 학교 혁신의 방향과 방법적인 측면에서 많은 시사점을 던지고 있다.

2장은 미국의 센트럴파크이스트 중등학교(Central Park East Secondary School) 사례로 그들의 성공과 실패, 그리고 재기를 위한 노력을 통해 교육 혁신에 대한 근본적인 문제의식을 되짚어 본다. 미국 센트럴파크이스트 중등학교 사례에서는 무엇보다 학부모가 선택할 수 있는 작은 학교 구조와 대화와 소통 구조를 통한 상호 존중의 문화 속에서 '배려 공동체'로서의 학교의 위상을 실감할 수 있다. 이것은 일찍이 존 듀이가 주장했던 생활양식으로서의 민주주의가 요구하는 두 조건인 '많은 수와 다양한 종류의 관심을 의식적으로 공유하고 전달하는 것'과 '다른 공동생활과 다양하고 자유로운 상호 교섭을 벌이는 것'이 현실적으로 가능하며, 민주적인 의사소통 구조 속에서 더 많은 소통과 협력의 결과를 만들 수 있음을 입증한 것이다. 특히 교사들에게 학교 혁신의 주도권을 주고 그들로 하여금 민주적 대화와 협력 속에서 의사결정을 해나갈 수 있게 한 점은 눈여겨볼 필요가 있다.

그리고 3장은 '주입식 교육의 경직된 학교, 소통으로 변하다'란 주제로 소통의 관점으로 살펴본 한국의 혁신학교 이야기를 다뤘다. 먼저 일상적 소통을 위한 학년부 체제 학교 조직과 동등한 권한으로 학교 현안의 의사결정에 참여하는 민주적 학교운영 사례를 통해 교사들의 자발성이 어떻게 발현되는지를 소개한다. 또한 가르치는 '티칭(teaching)'이 아니라 배우는 '러닝(learning)'에 초점을 맞춘 수업 공개와 수업연구회를 통해 수업의 질을 향상시키려는 노력과 다양한 교사 학습공동체를 통한 융복합 수업 사례를 소개한다. 그리고 '교사-학생-학부모 (교육) 3주체 협약'이라는 구체적인 구조를 통해 구성원들의 자발성과 주인 의식을 고양시키고 학교를 혁신해 나갈 수 있다는 전망을 제시하고 있다.

마지막 4장에서는 앞서 살펴보았던 각국의 사례들을 정리하면서 한국 사회의 교육 혁신을 위한 시사점을 정리해 보았다. 각국의 교육 혁신 사례들이 공통으로 제기하고 있는 혁신 운동 주체의

문제와 '책상그룹'이나 '작은 학교'와 같은 구조의 문제, 참여 확장
의 문제 등을 통해 한국의 혁신학교의 역할을 재정의할 필요성을
제기하였다. 특히 한국 사회에서 지속가능한 교육운동을 위해서
는 미래적 혁신 교육 철학이 필요하며, 새로운 교육적 패러다임으
로서 타인과 사회에 대한 의무와 책임을 먼저 자각하는 사회성 발
달이 강조될 수밖에 없을 것이다. 소통과 협력, 민주와 자율의 학
교문화는 결국 '내가' 세계를 규정하는 개인성이 아니라 '세계가'
나를 규정하는 사회성의 기반 위에서 성립 가능하고 지속가능한
가치들이기 때문이다.

이밖에 각국의 혁신학교 사례들을 연구하는 과정에서 이뤄진
독일 괴팅겐 통합학교와 한국 이우학교 교장 선생님들과의 인터
뷰 전문을 실었다. 현재 시점에서 교육 혁신의 최일선에 몸담고
있는 그들의 구체적인 고민과 희망들을 생생하게 만나기를 기대
한다.

끝으로 이 책이 지금도 교육 현장에서 묵묵히 변화와 혁신을 위
해 학생들과 동고동락하고 있는 많은 선생님들과 이들과 같이 고
민하고 아파하면서 끊임없는 성원과 지지를 보내는 많은 학부모
님, 그리고 보다 나은 교육적 실천과 대안을 모색하고 있는 연구
자들에게 조금이나마 유용한 참고 자료가 되기를 희망한다. 이
책이 나오기까지 많은 사람들의 보이지 않는 노고가 있었다. 번

역과 녹취, 교정, 원고 독촉 등 궂은일을 마다 않고 도움을 준 최보경, 김효정, 카롤린 란트그라프(Carolin Landgraf) 선생님에게 진심으로 고마운 마음을 전한다. 그리고 이 책을 편집하고 출판하느라 고생하신 맘에드림 편집부 신윤철 주간과 직원들께 저자들을 대표하여 진심으로 감사의 말씀을 드린다.

저자들을 대표하여

권 성 호

차 례

독일 괴팅겐 통합학교[1]
─ 지속가능한 "좋은 학교" ─

정 진 헌

1. 인류 보편적 교육이념을 실천하는 학교

놀랍도록 익숙한 동질감

"좋은 학교는 대륙과 나라를 막론하고 공통점이 보여요. 아이들의 표정과 태도를 보면 알 수 있지요. 놀랍지 않아요? 우린 서로 만난 적도 없는데, 비슷한 아이디어를 가지고 실천하고 있다니!"

서울 근교의 대안학교를 둘러보고 나오면서 볼프강(Wolfgang

---

* 1장에 나온 사진은 별도의 표기가 없는 경우 1장을 집필한 저자에게 저작권이 있음을 밝힙니다.

1. 학교의 정식 명칭은 게오르크-크리스토프-리히텐베르크-통합학교(Georg-Christoph-Lichtenberg-Gesamtschule)이고, 주로 '괴팅겐 통합학교'(IGS Göttingen)로 불린다. IGS는 '통합학교'라는 의미의 'integrierte Gesamtschule'의 약칭이다.

2011년 독일 최우수 학교상, 기념사진, 트로피.
사진 왼쪽 인물이 크리스티안 불프 당시 독일연방공화국 대통령이다.

Vogelsaenger)[3] 선생님이 내게 한 말이다. 그는 독일 괴팅겐 시에 위치한 통합학교 교장이다. 2011년 독일 최우수 학교상을 수상한 괴팅겐 통합학교의 교장 볼프강은 자신의 교육이념이 보편적임을 확신한 듯 흐뭇해했다.

　유럽도 아닌, 역사와 문화가 전혀 다른 낯선 땅, 한국에서 그를 새삼스레 흡족하게 한, 좋은 학교의 공통점이란 무엇일까? 이 글은 2015년 올해로 개교 40주년을 맞은 독일의 좋은 학교, 괴팅겐 통합학교의 역사와 현재, 미래에 대한 이야기이다. 그리고 이 이야기를 통해 우리는 이역만리 독일에만 가능한 학교가 아니라, 볼

---

3. 볼프강 포겔쟁어(Wolfgang Vogelsaenger)는 19세부터 교사 생활을 시작해서, 2015년 현재 44년째 교편을 잡고 있으며, 13년째 괴팅겐 통합학교 교장직을 맡고 있다. 이 책에서는 괴팅겐 통합학교의 전통에 따라 성씨인 '포겔쟁어' 대신에 이름인 '볼프강'으로 표기한다.

프강이 발견했듯 우리 안에도 실현되고 있는 열망의 실화를 새로이 조명하고자 한다.

그동안 다른 나라 학교들에 대한 소개는 대부분 우리의 현실과 대비하여 부러움의 대상처럼 미화되기도 하였다. 우리가 만날 괴팅겐 통합학교도 그렇게 이상적으로 그려질 것이라 예상할 수 있겠지만, 새로운 도전이 늘 그런 것처럼 괴팅겐 통합학교도 역시 기존의 편견과 기득권 구조 속에서 고군분투하고 있다.

2011년 독일 최우수 학교상과 상금으로 10만 유로를 받기 바로 전까지만 해도 괴팅겐 통합학교는 니더작센 주 총리(한국 도지사에 해당하는 독일 지방정부의 장)와 매우 불편한 관계였다. 보수 정당인 기독교민주연합(CDU)의 크리스티안 불프[4] 니더작센 주 총리는 독일의 기존 서열식 학제 시스템을 고수하고자 괴팅겐 통합학교 해체를 종용하기도 했다.

그런 불프가 2010년 7월 독일 대통령에 취임하고 1년 만인 2011년, 그가 그토록 반대하던 괴팅겐 통합학교에 직접 최우수 학교상 트로피를 전달해야만 했다. 볼프강 교장은 당시의 순간을 떠올릴 때마다 얘기한다.

"그때 우리는 얼마나 통쾌했는지 모릅니다. 그가 그렇게 반대하던 우리 학교가 최우수 학교로 선정된 거죠. 그리고 대통령이니까 우리에게 트로피를 전달해야 했지요. 그 순간 그도 우리의 승리를 인정할 수밖에 없었던 거죠."

---

4. 크리스티안 불프(Christian Wilhelm Walter Wulff)는 2003년 3월부터 2010년 6월까지 독일 니더작센 주 총리를 지냈으며, 2010년 7월부터 2012년 2월까지 제10대 독일 대통령으로 재임했다.

심사위원들이나 독일의 다른 지역에서는 이런 내막을 몰랐을 테지만, 괴팅겐 통합학교 식구들에게는 기쁨이 두 배였던 순간이다. 그 이후 괴팅겐 통합학교는 독일이나 유럽은 물론 세계 각국의 교육자들이 끊임없이 찾아오는 곳이 되었다. 더 나아가 볼프강은 기업 운영을 위한 컨설팅 제의도 종종 받고 있다. 교육 현장에서뿐 아니라 기업과 사회 곳곳에 실현 가능한 시스템으로 확장되고 있는, 괴팅겐 통합학교의 좋은 학교 모델의 핵심은 무엇일까? 볼프강은 이 질문에 짧게 답한다. "책상그룹." 그리고는 학교 안팎을 반드시 둘러보게 한다. 학생 개개인의 재능과 창의성이 그룹별 활동을 통해 발현되도록 하는 민주적 소통과 발달의 과정을 현장에서 반드시 몸으로 느껴야 하기 때문이다.

여전히 낯선 교문을 열며

괴팅겐 통합학교는 학교를 둘러친 담장이 없다. 그러니 따로 큰 교문도 없다. 대신 본건물로 들어서는 유리문 두 개를 열어야 한다. 내가 이 학교의 문을 처음 열었던 때는 2014년 봄, 연구 목적이 아니라, 아들의 진학 등록을 위해서였다. 그러니까 지금 이 글을 쓰는 나는 연구자이면서 동시에 괴팅겐 통합학교 5학년에 다니는 아들을 둔 학부모이다. 따라서 이 글은 인류학자로서 수행한 일상적 현지조사로서 여러 인터뷰와 수집된 자료에 대한 분석임과 동시에 학부모로서 겪은 개인적 경험, 주관적 평가와 해석이

괴팅겐 통합학교 전경　　　　　　　　　ⓒ Georg-Christoph-Lichtenberg-Gesamtschule

포함된 것임을 미리 밝혀두고 싶다. 그리고 오랫동안 아이의 학교생활에는 거의 관심을 두지 않았다는 점과, 괴팅겐 통합학교로 아이를 보낸 것이 잘한 결정이었는지 지금도 의심하고 있다는 점 또한 고백한다.

　그래서 지금도 나는 괴팅겐 통합학교 안으로 들어가는 문을 여는 것이 낯설다. 독일인도 아닌 작은 동양인, 게다가 독일어 대신 영어로 소통하는 걸 선호하는 이방인이기에 더욱 그렇다. 그런 학교에 나는 아이를 보내고 있고, 그 학교에 대해 더 알고자 틈만 나면 학교 안을 돌아다니곤 했다. 아들도 느닷없이 나타난 나를 별로 달가워하지 않는다. 다양한 인종과 문화적 배경을 인정하고 장려하는 학교라고는 하지만, 다른 유럽 국가나 터키, 몇몇 중동 국가 출신에는 익숙해도, 저 멀리 떨어진 동아시아 출신은 학교에서 여전히 매우 소수에 불과하다.

세 살배기도 춤을 따라 추는 싸이의 '강남스타일', 최근 독일에서 외제차 판매 상위권을 달리는 현대차와 기아차, 가장 보편화된 엔터테인먼트 통신 기기 삼성 스마트폰 등이 한국산이라고는 하지만, 어린 아이들에게는 한국, 일본, 중국 모두 아시아를 대표하는 "쉬나"('China'의 독일어 발음)로 통칭될 뿐이다. 나름 동양어를 한답시고 "곤니찌와" 하면서 대뜸 놀리려 드는 아이들이 있는 것도 사실이다. '좋은 학교'는 그래서 누구한테나 모두 좋을 수만은 없을 것이다. 다수가 좋아한다고 좋은 학교가 되는 것도 아니다. 처음 그 학교생활을 시작하는 아이들이나 학부모, 심지어 교사들에게도 처음부터 '좋은' 학교란 없다. 완결형이 아닌 현재 진행형의 '좋아지는' 학교가 옳을 것이다. 그런 의미에서 이 글은 2011년 독일 최우수상을 받았기 때문에 좋은 학교라고 평가하는 글이 아니라, 그 학교가 좋아지는 과정에 대한 에세이다.

2. 괴팅겐 통합학교 설립의 역사적 배경

독일의 3단계 학제 시스템

통합학교가 출범하기 이전부터 현재까지도 독일의 중등교육 시스템은 3단계의 학교 구조로 서열화, 분화되어 있다. 괴팅겐 통합학교 같은 게잠트슐레(Gesamtschule, 통합학교)를 지지하고 실천하는 볼프강 같은 사람들의 관점으로 보면, 독일의 이러한 분화 시스템은 봉건시대부터 이어져오는 계급, 계층 구조를 재생산하는 꼴이다.

"중세 시대의 사회가 세 계급, 즉 농부, 도시의 기술자, 귀족 계급으로 구성되었던 것처럼, 낮은 계층의 자녀들은 하우프트슐레, 그 위 중간 계층 자녀들은 레알슐레, 최상위 계층 자녀들은 김나지움으로 진학했던 거죠. 그리고 김나지움을 졸업한 상류층 자녀들이 대학을 졸업해서 의사, 변호사, 건축가 등이 되도록 하는 발상인 거죠."

볼프강 교장의 간결한 설명은, 현재도 주류를 이루고 있는 독일 근대 중고등 교육기관의 성립과 특성이 오랜 역사로부터 기원함을 알려준다. 현재 시점으로 재현하면 이렇다.

모든 학령기의 아이들은 4년 동안 그룬트슐레(Grundschule: 1~4학년. 현재 구동독 지역은 6년제)를 동등하게 다닌다. 4학년이 끝나기 전에 교사는 학생 개개인에게 어느 단계 상급 학교로 진학하는 것이 좋은지 추천한다.

상류층 및 엘리트 계층의 자녀들은 김나지움(Gymnasium: 5~12/13학년)을 거쳐 대학 교육까지 마치고 다시 그 계층으로 재생산되는 경로를 밟는다(과거에는 이것을 매우 당연시했다). 그 아래 중간 계층 자녀들은 전문 기능직(회계, 은행, 사무직, 비서직 등) 분야 진출을 위해 레알슐레(Realschule: 5~10학년 과정)를 거쳐 베루프슐레(Berufsschule, 직업학교)로 진학하여, 직업 현장에서의 실습과 학교에서의 이론 수업을 병행하여 전문직을 준비한다. 그 아래 하위 계층 자녀들은 하우프트슐레(Hauptschule: 5~9학년 과정)로 진학하는데, 이곳은 레알슐레와 같은 과목으로 수업을 하지만 속도가 약간 느리며, 학생들은 도제식 실습을 겸하면서 기능직 훈련을 받는다. 그리고 9학년을 마치면, 베루프슐레로 진학하여 전문직종의 자격증을 준비하게 된다. 직업학교 입학에서 졸업까지는 3년이 걸리는데, 학생들은 이 기간을 무사히 마쳐야 자격증을 받고 해당 분야에서 인턴 및 취직을 보장받을 수 있다. 이러한 진로의 갈림이 만 10세 때 시작되는 것이다.

대안적 학교 시스템의 등장: 통합학교

괴팅겐 통합학교와 같은 '통합학교'(게잠트슐레)는, 기존의 서열식 학교 제도를 극복하고 대안을 마련하기 위해 시작되었다. 1970년, 괴팅겐대학교에 정치가, 학자, 교사, 교수, 건축가들이 모여 통합학교 구상을 위한 워크숍을 가졌다. 당시 모임에 참가한 사람들이 추구한 목표는 기회균등을 높이고, 참여 기회를 확대하며, 과도하게 분화된 학교 시스템에 대한 대안을 모색하여 모든 학생들에게 더욱 공정한 학교를 만드는 것이었다.

당시 독일을 비롯한 유럽과 아메리카에서는 소위 68운동, 즉 1968년 5월 대학생들과 노동자들이 주축이 되어 대규모 시위를 일으킨 시민운동을 중심으로 사회 변화의 기운이 넘치던 때였다. 괴팅겐이 속한 니더작센 주에서도 새로운 학교 설립에 대한 열망과 실천이 충분히 보장받던 시기였다.

통합학교 준비 모임은 다양한 분야의 전문가들과 교육자들, 정치가들의 폭넓은 네트워크였다. 그들은 독일과 스웨덴의 혁신 학교들을 직접 견학하면서 핵심적인 개념을 구상하고 이러한 계획안을 괴팅겐 지역의 학교와 학부모들에게 소개하였다. 그들은 정치권으로부터 청신호를 받았고, 교육위원회부터는 그 개념에 맞추어 학교 건물을 지어도 좋다는 결정을 받아냈다. 이어서 학교에 임용될 교사들과 학부모들을 위한 시민 대학 코스를 운영하고, 학교 설립 준비 팀이 꾸려졌다. 1975년, 마침내 'Georg-Christoph-Lichtenberg-Gesamtschule'(게오르크-크리스토프-리히텐베르크-통합학교)라는 정식 이름으로 개교를 하게 되었다. '게오르크 크리스토프 리히텐베르크'라는 이름은 괴팅겐 출신의 과학자이자 철학자였던 게오르크 크리스토프 리히텐베르크의 이름에서 가져온 것이다. 이 학교의 이름은 대외적으로나 지역사회에서 '괴팅겐 통합학교'(IGS Göttingen)라 통칭된다.

3. 괴팅겐 통합학교의 교육철학

아이들 중심, 원활한 소통 구조

초창기에 확립되어 현재까지 유지하고 있는 괴팅겐 통합학교 기본 운영 원칙은 다음과 같다: 이질적 구성(Heterogenität), 팀-소그룹 모델, 클러스터 학교, 전일제 학습의 의무화, 교육 개념의 폭넓은 확장, 성적표 없애기, 학업 성적에 따른 분반 수업 금지, 참여 기회의 확대, 학생·학교 운영진·교사·학부모들의 서로 다른 역할에 대한 이해와 협력.[5]

이러한 학교운영 철학과 원칙들이 처음부터 폭넓게 지지를 받았던 것은 아니다. 오랜 대학 도시의 명성을 가진 괴팅겐이라는 도시에서 전통적 사고 방식과 분화된 학교 시스템에 익숙한 사람들은 괴팅겐 통합학교(integrierte Gesamtschule)를 "Idioten-GasamtSchule"(바보들을 모아놓은 학교)라고 비아냥거렸다. 그러나 시간이 흐를수록 괴팅겐 통합학교는 지역사회로부터 높은 지지와 호감을 얻어냈다. 현재 매년 170명을 뽑는 입학 전형에 평균 350명 이상이 지원하는 것을 보면 알 수 있다. 2011년 최우수 학교상은 그래서 의미가 더욱 깊다.

---

5. 볼프강 교장이 제공한 문헌 자료, "Die Georg-Christoph-Lichtenberg-Gesamtschule Göttingen-Geismar, Rückblick und Ausblick" (게오르크-크리스토프-리히텐베르크-통합학교 괴팅겐-가이스마. 평가와 전망)에서 인용.

"우리는 변하지 않고 꾸준히 우리의 의지들을 실천했으며, 그것을 공정하게 인정받은 것입니다. 새로운 사고와 실천은 오랜 시간을 필요로 합니다. 기존의 전통과 기득권은 언제나 복원되기 쉬운 법이니까요." 볼프강 교장의 이러한 발언은 새로운 교육에 도전하려는 사람들에게 전하는 바가 크다.

이질적 혹은 다양한 구성: "어떤 아이들을 위한 학교인가?"

괴팅겐 통합학교는 괴팅겐 지역의 모든 아이들을 골고루 받아들인다. 괴팅겐 통합학교가 없었다면 아마 존데어슐레(Sonderschule, 특수학교), 하우프트슐레, 레알슐레, 김나지움 등으로 나뉘어 따로 다니고 있을 아이들이 모두 통합학교에 입학한다. 매년 4월 말경, 김나지움보다 일주일 정도 먼저, 괴팅겐 통합학교는 입학 지원서를 받는다. 170명의 학생들을 선발하는데, 그룬트슐레(초등학교) 학교 담임교사가 3~4학년 학업 성취도를 중심으로 김나지움을 추천한 학생들이 65퍼센트, 레알슐레를 추천한 학생들이 25퍼센트, 그리고 하우프트슐레를 추천한 학생들이 10퍼센트를 차지한다. 늘 지원자 수가 정원을 초과하므로, 위와 같은 비율, 남녀 비율 등을 고려하여 무작위 추첨으로 입학 학생을 결정한다. 그리고 형제자매 중에 괴팅겐 통합학교를 이미 다니고 있는 학생은 우선 순위로 고려한다. 170명의 학생들은 6개 반에 각각 30명씩 배치되는데, 장애 아동 1명을 2명으로 고려해

5학년 교실 안의 학생들

서 180명을 채우게 된다. 그리고 30명인 한 반을 동등한 지위를 가진 담임교사 2명이 담당한다. 이렇게 구성된 한 반에서 교사와 학생들은 10학년까지 6년을 함께 생활하게 된다. 인원과 교실의 변동 없이 장기적인 학습 공동체가 구성되는 것이다.

학생이 아닌 청소년으로 보기

괴팅겐 통합학교에서는 '학생'(Schüler/in, 남/여학생)이라는 범주는 좁다고 본다. 교육의 대상으로서 교사-학생 관계가 일방향적으로 규정되고, 전인적 차원의 돌봄과 관계가 제한되기 때문이다. 학생을 인격적 주체로, 성장하고 있는 인간으로, 아이들이자 청소년으로 보아야 한다는 것이 교사와 교직원들의 철학이다. 학부모들이 자녀를 대하는 방식과 같을 수는 없지만, 사회의 차세대로 봄으로써, 성인들 한 명 한 명이 아이들의 모범이자 멘토이고 역사의 동반자가 되는 것이다.

그래서 이 학교에서는 교장, 교사, 학생 모두를 '성(surname)'이 아닌 '이름'으로 부르고, 존댓말이 아닌 친근한 어법을 사용한다. 독일어는 한국어와 유사하게 상대방의 지위, 연령, 관계의 정도에 따라 호칭과 어법이 구분된다. 학생들이 교사를 부를 때는 남성의 경우 'Herr'('헤어'), 여성의 경우 'Frau'('프라우')를 그들의 성 앞에 붙여서 부르는 게 상식이다. 초등학교 때에 이런 습관을 들인 아이들도 괴팅겐 통합학교에서는 담임 선생님을 그냥 이름으로 부른다. 예를 들어 평상시 대화를 우리말로 표현하면 다음과 같다.

"사비나, 아까 수업 시간에 내준 과제가 뭐였지?"

"아, 그건 독일의 각 주와 주도를 알아오라는 거였어."

"그래? 고마워."

이런 대화가 학생과 교사 사이에 오간다.[6]

이러한 대화법은 설립 초기부터 강조한 '평등'의 가치를 함의하는 것이라 볼 수 있다. 그러나 이러한 평등한 관계 역시 아이들을 중심으로 보는 교육관에 기초한다. 자라나는 청소년들을 위한,

---

6. 한국에서는 공동육아 어린이집이 일찌감치 이러한 어법을 활용하고 있다. 교사들은 이름 대신 별명으로 불리고, 아이들도 그 별명을 친구의 이름처럼 부르며 관계를 익혀 나간다.

그들을 중심으로 한, 총체적 배려의 일환이다.

교육 활동을 교사나 어른 중심이 아니라 청소년 중심으로 볼 때 그 내용과 폭이 확대될 수 있다. 배움의 범주는 수학, 과학, 독일어 등의 인지적 영역으로만 제한될 수 없다. 왕성하게 성장하는 청소년들은 온갖 호기심을 가지고 있고, 인성과 감수성, 그리고 육체적 발달까지 총체적으로 이루어나가는 과정에 있다. 따라서 체육, 음악, 미술 같은 과목들 역시 중요하며, 연극이나 사진, 서커스, 각종 기술 과목, 요리 및 수학여행 등 다양한 활동이 골고루 조화를 이루어 아이들의 욕구를 충족시키는 것이 중요하다.

아이들은 이러한 활동 과정에서 부모들과 다양한 교사들, 레크리에이션 강사들, 그리고 외부 전문가들과의 소통을 경험하게 된다. 담임교사들은 6년간 이 모든 과정을 함께하면서 학생들이 개인별 성장 과정을 보게 되며, 학부모들과도 개별적, 그룹별 토론을 통해 아이의 총체적 발달을 도모하게 된다. 소통을 통한 발달, 발달 과정에 대한 소통, 이 모두는 참여의 시간이고, 그만큼 체계적 노력과 긴 여정, 그리고 그 여정을 위한 지역사회 기관 및 주체들의 총체적 참여를 전제로 한다.

철학이 스며든 공간 구성: 클러스터 학교

학교는 학생들과 교사들의 세대 간 소통 공간이자, 과거와 현재의 지식이 미래의 열망과 만나는 문화 접촉 지점이다. 초기 괴팅

학년 클러스터

겐 통합학교 설립을 위한 모임에 참가한 건축가들은 학교의 건립
이념과 원칙들, 그리고 이러한 문화적 만남과 소통이 공간적으로
구현되도록 학교를 설계했다. 그것의 핵심은 각 학년이 한 공간
에 사각형으로 모여 구성된 클러스터이다. 교실 6개와 교무실이
둘레를 이루고, 그 가운데는 마치 거실처럼 공동 공간이 마련되있
으며, 각 교실 안에는 6개의 책상들이 하나의 그룹을 이루어 앉을
수 있게 만들어진 것이다.

　평면도를 상상해 본다면, 작은 네모 모양의 책상들이 하나의 그
룹으로 모이고, 그 책상그룹들 5개가 모인 공간이 하나의 교실이
다. 교사들의 교무실에서도 학생들의 책상그룹으로 이뤄진 교실

영화관

처럼 책상들이 모여서 그룹을 이루고 있다. 그리고 이런 네모난 교실과 교무실이 사방으로 둘레를 이루며 배치되어 있고 그 가운데에 공동의 학습-놀이 공간이 놓여있다. 이러한 학년별 클러스터들이 좌우 지그재그형 층으로 배치되어 있으며, 각 클러스터는 파랑, 노랑, 빨강 등등 서로 다른 색으로 대표된다. 한 학년 클러스터에서 다른 학년 클러스터로 연결되는 양쪽 통로에는 화살표가 있어서 출입구를 안내해준다. 각 학년은 자신의 클러스터 안에서 자율성을 보장받는다. 책상그룹으로 구성된 교사들이 자체적으로 수업 시간표를 짜고 운영한다. 아파서 결근을 할 경우 동료 교사에게 알리면, 그 책상그룹 안에서 수업을 대체하는 등 자체적으로 해결한다. 이러한 클러스터 공간 배치는 책상그룹의 연장선이라 할 수 있다.

학교 건물 로비

　각 교실과 학년별 클러스터가 책상그룹을 중심으로 활용되는 공간이라면, 그 외의 공간은 개인별 취향을 살릴 수 있는 열린 공간이다. 교실은 지상 3층(독일식으로 말하면 2층)부터 있고, 지상 1층(독일식으로 말하면 지상층)에는 학교의 교장실을 비롯한 행정업무실과 교사회의실 등이 건물 현관 왼쪽 클러스터에 모여 있다. 그리고 다양한 오락과 취미, 연행이 가능한 공간이 배치되어 있다. 특히 정중앙에는 무대와 객석이 마련되어 있어, 각종 학교 행사와 연주 및 공연을 펼칠 수 있다. 그 무대 뒤편에는 음악실 및 악기 보관실이 있고, 그 옆으로 실내 체육관이 있다. 그리고 그 옆에는 학생 카페와 사회복지사 사무실을 겸한 사회복지 공간이 자리 잡고 있다. 이어서 영화관, 개인적으로 원할 때는 언제든 명상을 위해 사용할 수 있도록 준비된 조용한 방(푹신한 거실 의자들이 예쁘게 배치되어 있다)이 있다. 옆 건물과 연결되는 틈새 공간에는 도서관이 있다. 도서관을 지나면, 대학 진학을 위한 김나지움 상급 학년들의 건물이 나온다. 각각의 용도로 나뉜 방들 이외의 열린 공간에는 탁구대, 당구대, 테이블축구대 등이 놓여있고, 아예 빈 공간은 무용, 연극을 하는 친구들의 연습 공간으로 쓰인다. 그리고 학교 건물 내부 벽면은 학생들이 작업한 미술 작품이나, 벽화로 장식되어 있다.

2층에는 식당과 다양한 실험실 및 실습실 등이 배치되어 있다. 수업은 교실에서만 이루어지지 않고 이러한 다양한 공간에서 이루어진다. 공작실에서 나무를 깎거나 용접을 하기도 하고, 미술실에서 그림을 그리고, 음악실에서는 연주와 작곡을 하며, 화학실에서는 실험을 한다. 컴퓨터실을 활용한 수업도 있다. 개인별로 앉아서 컴퓨터를 사용해야 하거나, 체육관에서 운동을 해야 하는 경우를 제외하고 이 모든 공간은 학생들이 책상그룹으로 앉거나 서서 활동하도록 만들어져 있다.

학교 건물 뒤편에는 결코 작지 않은 정원 겸 텃밭이 있어서, 식물과 채소를 키운다. 볼프강 교장이 얘기한 "좋은 학교"의 조건 중 하나가 이 텃밭이라고 할 수 있다. 건물 좌측 공터에는 야외 놀이터와 운동장이 있는데, 여기서는 몸을 써서 하는 놀이들, 축구와 농구를 할 수 있고, 묘기 자전거, 스케이트보드 등을 탈 수 있다. 거대한 실내 체육관도 별도로 갖추고 있다. 이 체육관은 시민 체육 시설이기도 하여, 학생은 물론이고 시민들의 스포츠 클럽들이 정해진 시간에 와서 연습하는 곳이다. 그리고 학교 옥상에는 사람이 올라가 다닐 수 없을 정도로 태양열판이 가득 차있다.

맨 처음 학교를 찾은 사람들은 건물 안에서 교실과 교실의 연결이 미로처럼 복잡하여 헷갈릴 수도 있다. 그러나 속속들이 돌아다니다 보면, 어느 한 구석 아이들을 고려하지 않은 곳이 없을 정도라는 점을 쉽게 느낄 수 있다. 초창기 학교 건립 이념 구상부터 참여한 건축가들의 세심한 배려가, 철학이 스며든 체험 공간을 구현했다고 해도 과언이 아니다.

4. '책상그룹' 학습 모델

책상그룹의 형식

건학 이념과 철학, 그것들의 공간 구성 및 다양한 배경의 학생들을 위한 학교, 이 모든 개념들이 하나의 일관된 시스템으로 운영되는데, 그것이 바로 '책상그룹(Tischgruppe)'이다. 그러니까, 이 책상그룹은 괴팅겐 통합학교의 모든 것을 설명함과 동시에, 모든 분야에 일관되게 적용되고, 괴팅겐 통합학교의 학교문화를 지속가능하도록 하는 동력이자 원리이다.

책상그룹은 30명으로 이뤄진 한 반에서 학생들이 6명씩 그룹을 이루어 자신들의 책상을 맞붙여서 앉는 것에서 시작한다. 이 6명은 학년 초에 한 달간의 실험 기간을 통해 정해지는데, 남녀 학생이 각각 3명씩으로 이루어지며, 김나지움 추천 학생 3명, 레알슐레 추천 학생 2명, 하우프트슐레 추천 학생 1명으로 구성된다. 스포츠 등의 개별 활동이 필요한 수업을 제외한 80퍼센트 이상의 수업이 이 책상그룹을 활용하여 진행된다. 같은 책상그룹에 모인 학생들은 1년간 함께 앉아서 배우고, 토론하고, 과제를 수행한다. 총 6년 동안 매년 그룹을 바꾸기 때문에 반 친구들 모두와 함께 책상그룹을 경험하게 된다.

학생들은 이러한 책상그룹을 통해 훗날 사회 활동에서 아주 중요한, 다양한 사람들과의 소통을 연습하며 경험함으로써 몸에 익

책상그룹으로 이루어진 교실

히게 된다. 미래의 미장공이 미래의 건축가와 같은 팀에서 공부
하는 것이라고 할 수 있다. 훗날 그들은 건축 현장에서 서로를 이
해할 수 있을 것이다. 괴팅겐 통합학교에서는 자랑스럽게 얘기
한다. 괴팅겐 통합학교를 졸업한 학생들이 한 책상그룹으로 다시
모이면, 그들이 함께 집을 짓는 데 아무런 문제가 없을 것이라고
말한다. 서로의 재능과 특성을 알고 협력해본 경험이 충분히 길
러졌기 때문이다.

　몸에 익히기를 하는 것이 문화인데, 이것은 시간을 필요로 한
다. 결과를 목적으로 본다면 책상그룹 활동 초반에는 그 효율성
이 현저히 떨어진다. 새로 입학한 아이들은 팀으로 과제를 수행
하는 데 시간이 오래 걸리며, 서로의 재능을 인정하고 역할을 나
누는 과정도 쉽지 않다. 인내심이 요구되며 3년 정도 익숙해지는

시간이 필요하다.

영어 수업 시간을 예로 들어 보겠다. 엄마가 집에 없는 상황에서 형제들과 아빠가 패스트푸드를 시켜 먹는 상황을 영어 회화로 만들어 발표하라는 과제를 내준다. 6명의 학생들 중에는 영어를 잘하는 아이가 있기도 하고 못하는 아이들도 있다. 그러나 단한 명도 빠지지 않고 역할을 맡아서 문장 구사를 해야 한다. 모든 아이들이 크고 작건 간에 역할을 정하고 대사까지 모두 정리하면, 그때서야 손을 들어 발표가 준비되었음을 알린다. 아이들에게는 빨리 손들기 위해 서두르는 것이 중요한 것이 아니다. 누구 한 명이라도 소외되지 않고 참여하는 것이 중요하며, 또한 모두가 각자의 역할을 맡아 크든 작든 책임지는 것이 중요하다.

개인 재능과 팀워크를 동시에 극대화하는 학습법

평등이라는 가치관은 괴팅겐 통합학교를 설립하기 위해 준비하던 시기부터 학교의 뼈대와 같았다. 누구나 다 똑같아지는 획일화가 아니라, 우열을 가리지 않는 관계가 중요하다. 평등한 관계에서 학습할 때 가장 성공적일 수 있다는 믿음이 교사와 아이들과의 관계에서도 문화의 튼실한 뿌리가 된다. 일반적으로, 전형적인 학습 과정은 그 구조상 일방적이다. 교사들이 내용과 요구 수준을 정하고, 평가하며 선별하는 것이 근대 교육 구조의 축이다. 그러나 괴팅겐 통합학교에서는 대화 속에서 배움이 이루어져야만 성공적일 수 있다고 본다.

　획일적인 교육을 지양하는 괴팅겐 통합학교에서는 학생 개개인이 여러 가지 내용과 요구 수준 중에서 선택하도록 한다. 그리고 아이들은 그것을 혼자서 하는 것이 아니라 자신들의 책상그룹에 있는 친구들이나 교사들과 대화하면서 한다. 시험에서도 수준이 다른 두 가지 문제 중 자기 수준에 적합하다고 생각하는 문항을 골라 풀도록 한다. 시험을 보더라도 그 결과를 점수화하는 성적표가 8학년까지는 현재 없다. 학교는 장기적으로는 10학년까지, 나아가 김나지움 대학 진학반에서도 없앨 계획을 가지고 있다.

　성적표를 대신하는 것은 교사와 학생이 따로따로 작성하는 평가서이다. 교사는 학생 개개인의 발달 상황을 서술형으로 쓰고, 학생 개개인도 자신의 학교생활에 대해 몇 가지 질문을 토대로 직접 보고서를 작성한다. 학교는 평가 항목에서 독일어, 영어, 수학, 과학에 대한 인지능력을 크게 중요하지 않게 생각하는 편이다. 그 대신에 학교생활 전반을 알 수 있는 항목들이 많다. 책상그룹 활동, 친구 관계, 교사와의 소통에 대해 아이들은 스스로의 관점으로 평가한다. 교사가 작성한 학습 발달 보고서와 학생의 학습 발달 보고서, 두 가지가 함께 제시될 때 비로소 아이의 발달을 전체적으로 관조할 수 있다는 것이 학교의 지론이다. 매 학기 교사와 학생 개개인의 보고서가 학부모에게 전달되고, 이를 근거로 학부모, 교사, 학생 3자가 함께 자녀이자 학생인 개인을 중심으로 토론하면서 동기 유발의 계기로 삼는다. 8학년 중반에는 이 학습 발달 보고서가 종합적으로 작성되는데, 볼프강 교장은 그것들 모두를 읽어본다. 볼프강 교장은 학생들의 보고서를 통해 개별 학생, 학급, 학년의 상황을 총체적으로 파악하며, 나아가 아이들이나 동료 교사들과의 대화를 위한 계기로 삼는다.

"우리 학교에서는 자신이 무엇인가를 할 수 있다는 확신이 없이 학교를 떠나는 아이들이 있어서는 안 된다."

학교가 설립된 1975년부터 2002년까지 교장을 지낸 페터 브라머(Peter Brammer)는 배움이란 개인 맞춤형이어야 한다고 생각한다. 시험 결과를 점수화하지 않는 만큼, 개인별 재능의 차이를 인정하고, 각각의 능력에 맞추어 진로를 선택하며, 선택한 이상 책임지는 자아로 키우는 것이 배움의 핵심이라고 보는 것이다.

그리고 학교의 교사는 아이들이 이러한 자기 발달 패러다임을 기를 수 있도록 도와주어야 한다. 학교에서 많은 시간을 보내는 아이들에게 교사는 매우 중요하다. 괴팅겐 통합학교의 교육이념과 운영 방침은, 새로 임용되는 교사들에게 각인되고 있다. 새로운 교사들 역시 책상그룹 운영의 노하우를 배우고 축적해야 한다. 학교는 아이들을 위한 공간이고, 그렇기 때문에 그들의 시선에서 운영의 틀과 내용을 짜야 한다. 물론 최종적인 선택은 아이들이 하도록 한다. 개인별 재능과 취향에 맞추는 학습, 그런 다양함이 서로 존중되고 공존하는 교실 문화, 이러한 취지를 위해 세밀한 학교운영이 필요하다.

아이들이 팀별 학습 능력을 향상시키고 책임과 권한을 두루 익히기 위해 책상그룹을 구성하듯이, 성인인 교사들과 교직원들 역시 책상그룹을 통해 팀을 이룬다. 여기에는 학년팀, 교과팀, 학교

운영팀, 학교발전팀, 구내식당팀, 행정팀 등이 포함된다. 모든 팀은 스스로 결정할 수 있는 권한과 책임을 모두 가지고 있다. 책임을 지지 않거나 결정을 내릴 수 없는 팀은 동기부여가 줄어들기 때문에 유명무실해져서 사라지게 된다.

학교 폭력 거의 "제로"

자기 자녀를 위해 최선의 학교를 찾고자 하는 학부모들의 열정은 독일에도 있다. 집과 가까운 학교를 선호하긴 하지만, 니더작센 주 괴팅겐 시에서는 초등학교를 마치는 4학년 2학기, 모든 김나지움들이 날짜를 달리하여 자신들 학교를 개방하는 학교 방문의 날을 갖는다. 아이들과 학부모들이 각 김나지움을 직접 방문하고, 김나지움 재학생들은 각종 공연을 선보이고 자신들의 교실과 실험실 등 학교 모습을 보여준다.

그렇게 학교를 방문할 때마다 나는 꼭 학교 폭력 유무와 정도를 질문했다. 돌아오는 대답은 언제나 "거의 제로에 가깝죠"라는 거였다. 하우프트슐레, 레알슐레, 김나지움을 추천받은 학생들이 골고루 섞인 괴팅겐 통합학교에서도 폭력 문제에 대한 교사의 대답은 역시 "제로"였다.

괴팅겐 시의 학교문화가 독일에서 일반적인 것일까?

최근 연구에 따르면 독일 중등학교에서는 매주 최소 10명 중 1

명이 괴롭힘, 왕따 등을 경험한다고 한다.[7] 학교 폭력에 대한 대부분의 학문적 연구물들은 그 정의와 범주 면에서 통일되지 않은 탓에 이보다 낮은 편으로 보고하고 있다. 일반적으로는 김나지움 학교에서의 폭력 빈도가 낮고, 레알슐레와 하우프트슐레에서 보다 높은 폭력 사건 발생률을 보인다.[8] 이는 학교별 차이가 존재함을 보여주는 것이다. 또한, 독일의 지방자치 수준이 높은 것을 고려하여, 지역별 교육 환경의 차이 역시 고려해야 함을 시사한다. 괴팅겐 시는 독일 내에서도 학교 폭력이 현저히 낮은 특성을 보이는 것이 사실이다. 대도시인 베를린이나 프랑크푸르트 등에서는 학교 폭력의 수위와 빈도가 보다 높게 체감된다는 것이 현지인들의 평가이다.

중요한 것은 사실 폭력의 유무와 빈도보다는 그것들을 학교가 어떻게 다루고 처리하는가에 있다고 봐야 한다. 괴팅겐 통합학교에는 학교 및 기타 일상생활에 어려움이 있거나 도움을 요청하는 학생들을 위한 사회복지 시스템이 잘 구비된 것으로 보인다. 괴팅겐 통합학교에는 모두 6명의 전일제 사회복지사들이 근무한다. 한국과 같은 심각한 학교 폭력은 거의 발생하지 않는다고 할 수 있으나, 그래도 자라나는 청소년들인 만큼 가벼운 몸싸움, 욕하기, 왕따 등은 일상적으로 발생한다. 학교에서는 문제 발생 시 학

---

7. 베를린 자유대학교 연구협력 소식 "Preventing Violence in Schools" 참조.
   http://www.fu-berlin.de/en/kooperationen/vorgestellt/scheithauer_schulen/

8. Fuchs Marek, Kassel. 2009. "Violence at German Schools: Findings and Oepn Questions", International Journal of Violence and School 9(0): 79-101.

생이나 학부모가 교사에게 알릴 것을 늘 권장한다. 실제 있었던 사례를 하나 소개하겠다.

한 학생이 지속적으로 왕따와 유사한 경험을 당했다. 집단에 의한 가해는 아니고, 한 학생이 다른 학생들을 선동하여, 피해 학생을 놀린 것이다. 육체적 가해는 없었으나, 심리적 아픔이 있었고, 이를 발견한 학부모가 교사에게 이메일로 그 사실을 알렸다. 그해결 1단계는 학급별로 학기 초에 뽑힌 4명(여학생 2, 남학생 2)의 중재 학생 대표들이 맡았다. 중재 학생 2명과 당사자들이 함께 앉아, 어떤 상황들이 있었는지에 대해 이야기하도록 했다. 담임교사와 인터뷰한 바에 의하면, 이러한 1차 시도는 실패했다. 그다음 단계로 담임교사가 당사자들과 만나 대화를 했다. 가해 학생은 사과하고, 서로가 싫어하는 언행을 삼가하기로 약속함과 동시에 서로의 관계를 회복하기 위해 노력하기로 했다. 이러한 중재 이후 처음 피해를 알린 학생도 학교생활에 점점 만족해하고 있다.

이 사례는 사실 내 아들이 피해자로 경험한 이야기이다. 미국 학교였다면 인종차별적 '사건'으로 번질 수 있었겠으나, 독일의 맥락에서는 개인적 문제로 다루어졌으며, 처벌 제도가 아닌 당사자 간의 대화와 화해의 방법을 활용했다고 볼 수 있다. 괴팅겐 통합학교는 이렇듯 학생 간 갈등이 언제나 일어날 수 있다는 사실을 인정하면서, 그러한 갈등과 문제를 해소하는 장치를 마련하여 실제로 작동시킨다. 물론 갈등의 예방 역시 중요하다. 그러나 그러한 예방은 일상의 문화 속에 내재된 생활양식 및 도덕심에 뿌리를 두고 있다. 그래서 자기감정의 조절, 논리적 표현, 절제된 생활 등 가정에서부터 길러지는 문화적 토대가 중요하기도 하다.

그럼에도 불구하고, 사춘기 학생들은 질풍노도의 시기를 보낸다. 가정생활에서나 친구들과의 관계도 언제나 순탄할 수만은 없다. 앞의 사례에서와 같이 교실 안에서 문제가 해소되는 경우도 있지만, 그렇지 않을 경우도 있다. 기타 말 못할 개인 문제들에 맞닥뜨리는 경우가 빈번한 것이 청소년들이다. 이러한 다양한 상황들에 대처하기 위해, 괴팅겐 통합학교는 몇 가지 장치와 공간들을 마련해 두고 있다. 첫째는 앞에서 소개한 전문 복지사들이며, 둘째는 이들과 학생들이 자치적으로 운영하는 카페 공간이다. 학생들은 복지사들과 상담 및 치유 기간을 가질 수 있다. 그리고 친구들과 민감한 대화를 나눌 때는 카페를 이용한다. 셋째로 괴팅겐 통합학교에는 조용한 시간을 갖고 싶어 하는 학생들을 위한 아늑한 거실 같은 방이 따로 하나 마련되어 있다. 교사나 복지사도 없는 이곳은 원하는 학생이 사용하고 정리 정돈도 자기가 해놓고 나가면 그만이다. 이 방에서는 어느 누구의 간섭도 받지 않는다. 학생 누구나 쓸 수 있는 열린 공간이면서 동시에 어느 누구와도 단절할 수 있는 닫힌 공간이기도 하다.

5. '책상그룹'을 통한 학교운영

교사들의 책상그룹

각 팀에게 결정의 권한과 책임을 준다는 것은 신뢰를 바탕으로 한 관계이기 때문에 가능하다. 아이들의 책상그룹 활동도 신뢰를 바탕으로 해야 운영되고 그 의미가 있다. 실수와 피드백은 신뢰 형성에 중요한 소통 과정이다. 교사들도 학년별 팀을 통해 스스로 결정하고 그에 대해 책임을 갖고 집행하게 되면, 학교운영의 분명한 주인이라는 동기를 더 많이 갖게 된다. 수업의 질과 방법이 향상됨은 당연한 결과일지 모른다. 이렇게 아이들의 책상그룹과 같은 원리로 움직이는 교사들의 팀들을 소개하면 다음과 같다.[9]

학년팀

각 학년을 맡은 교사들에게는 170명 아이들의 6년간 학습 과정을 동반하는 임무가 주어진다. 5학년에 입학한 아이들이 10학년에 이르게 되면 교사들은 책임진 결과를 평가한다. 이때 교사들은 학부모들과 함께 각 학생들이 초등학교 4학년 때 추천받았던 내용과 비교하여 그 학생들이 6년 동안 성장한 바를 평가한다.

---

9. 이하의 내용은 볼프강 교장이 내게 보내 준 그의 원고(Professionell Lerngemeinschaften gestalten, 전문적으로 디자인된 배움의 공동체)을 토대로 재구성하였다.

학년 교무실

처음 괴팅겐 통합학교에 입학했을 때 김나지움에 진학하기를 원했는지, 레알슐레 또는 하우프트슐레에 진학하기를 원했는지 등을 되돌아본다. 6년이 지난 현재 어떤 변화를 보였는지를 토대로 직업학교로 갈지 아니면 대학 진학 준비반인 김나지움 상급 학년으로 갈지를 검토하게 된다. 6년 동안 고정된 학년팀은 교내 위계질서에 구애받지 않고 팀 자체적으로 판단하고 결정한다. 교사가 임용되어 새 구성원이 되면, 그 교사가 적응하도록 집중적인 오리엔테이션과 지속적인 멘토링으로 도와주는데, 기존 교사들 중에서도 문제를 겪고 있는 구성원이 도움을 준다.

레알슐레나 하우프트슐레로 갔다면 그대로 머물러 있었을 아이들이 6년 동안 성장한 모습을 지켜보면서 교사들은 만족감을 얻는다. 그래서 다른 일반 김나지움보다 수업 시간과 행정 업무가 많음에도 불구하고, 교사들의 만족도는 상당히 높은 편이다. 자신들이 노력한 대가를 학생들의 변화로 보상받기 때문이다.

학교발전팀

교사들로 이뤄진 학년팀·교과운영부·학교운영진, 학생들과 학부모들은 물론 학교에 관심이 있는 모든 사람들이 모이는 학교 전체 회의가 1년에 두 번 열리는데, 학교발전팀은 이러한 전체 회의에 앞서 주요 안건에 대해 미리 토론을 이끌고 결정 사항을 만들어내는 임무를 수행한다. 개별 단위의 대표들이 상정된 안건들을 토론하고, 그 토론 내용을 각 단위 학습 공동체로 가져가 토론한다. 그리고 다시 그 토론 상황을 학교운영팀의 다음 회의에 가져가게 된다. 의견 통일이 되어 모두가 받아들인 안건이 전체 회의[10]에 제출될 때까지 이러한 과정이 계속된다. 이 팀의 구성원 모두는 그들의 결정이 학교 전체를 위한 것이어야 함을 의식하고, 누구에게나 참여의 공간을 제공하며, 결정 사항에 대해 아무도 사전에 들은 적이 없다는 이의 제기가 없도록 하는 것이다. 단위별 체계를 갖춘 토론 문화를 엿볼 수 있는 운영 방식이다.

학교운영팀

학교운영팀은 총책임자인 교장을 포함하여, 팀별 대표 6명과 교사 2명으로 구성되는데, 일상 주제와 전략적인 미래 주제를 협

---

10. 전체 회의는 보통 한 시간을 넘지 않는다. 사전에 단위별 토론을 충분히 거쳤기 때문이다.

의하는 역할을 한다. 필요에 따라서는 대학 교수나 해당 분야 전문가들에게 자문을 구하기도 하고, 사안에 따라 결정을 내리는 경우도 있다. 결정은 다수의 동의를 통해 내려지는데, 모든 결정은 팀별 대표들이 자기 팀원들의 지지를 얻은 것을 전제로 한다. 따라서 교사 및 교직원들이 주체가 되어 운영 방침이 정해지도록 한 시스템이라 할 수 있다. 이는 특히, 어느 날 새로 온 교장이 자기 방식대로 학교를 완전히 바꾸려고 하는 식의 전권을 배제시키는 안전장치인 셈이다. 교장이 바뀜에 따라 학교운영의 철학과 원리가 바뀌기도 하는 다른 나라의 사례와 비교해보면, 절차적 민주주의가 지속가능하도록 한 시스템이라 하겠다.

구내식당팀

매일 1200명분의 몸에 좋고 환경 친화적이면서도 맛있고 저렴한 음식을 준비하고, 추가로 다른 학교를 위해 약 600명분의 음식을 마련하는 일이 구내식당팀의 과제이다. 음식과 관련된 모든 범위에 대해 결정 권한을 갖는데, 식단을 짜고, 재료를 구매하는 것 등은 물론, 필요한 인력의 채용 및 관할 괴팅겐 시청과의 소통을 책임진다. 양질의 음식 제공을 위해 식당을 이용하는 학생 및 교직원들로부터 피드백과 의견을 청취하는 일도 수행한다.

서비스팀

행정 직원, 조교, 사서를 포함한다. 복사하기, 인쇄하기, 인트라넷 기다리기, 아이패드 사용하기, 신청서 기입하기, 여행 비용, 차표, 증명서 등을 발급받는 것 등 학교행정의 많은 일들이 모든 교사들을 위해 이 팀에 넘겨진다. 이때 대략 3명의 행정 직원이 간단하지만 매우 개별적이고 불규칙적인 일들을 처리해 주어야 한다. 이들은 근무시간을 서로 조정하여 언제나 적어도 한 명은 자리에 머물러 필요한 모든 일을 수행한다. 이 팀도 하나의 학습공동체가 분명한데, 이는 새로운 요구 사항들이 나올 경우 그에 대한 상호 교육이 필요하기 때문이다. 세 명 모두 이 그룹의 업무와 관련된 모든 책임을 진다. 학기 초반에는 많은 부분 학교운영팀과 합의된 결정을 집행하게 되지만, 시간이 흐름에 따라 점차 독자적인 권한으로 업무 진행을 결정하고 직접 집행하게 된다.

이상과 같이 200명의 교사 및 교직원 중 팀에 속하지 않고 책임을 지며 결정을 내리는 사람은 아무도 없다. 괴팅겐 통합학교는 하나의 거대한 배움의 공동체로서, 학생이나 학부모, 교사 및 교직원 개개인이 학습의 대상이라기보다는 동등한 주체로 상호작용하는 문화 공간이다. 학교 구성원들은 이러한 태도가 조직체의 성공을 위해 반드시 전제되어야 함을 믿고 실천한다. 서로가 서로의 눈높이에서, 그리고 존경심을 갖고 서로를 대하는 그러한 기본 태도가 모든 팀에 살아있고 새로이 학교에 오는 아이들, 학부모들, 직원들에게 전해질 때만이 효과를 발휘할 수 있다고 볼프강 교장은 강조한다. 괴팅겐 통합학교에서는 이러한 기본 태도가 자연스럽게 될 수 있도록 성장하는 것이다.

전인적 성장을 위한 소통의 그물망

학교는 배움을 위한 열린 공간이자 채널이다. 이 공간을 통해 아이들 개개인의 발달 과정에 다양한 주체들이 관여하게 된다. 괴팅겐 통합학교에서 아이들은, 친구, 부모, 계부모,[11] 형제자매, 의사, 가정 및 학습치료사, 가족 도우미, 직업 상담사, 기업, 대학, 경찰 등 지역사회 전체와 소통한다. 그들 모두 직간접적으로 아이의 발달 과정에 참여하는 것이다.

괴팅겐 통합학교에는 직업 상담사, 경찰, 재계나 대학의 협력 파트너, 대학생, 가족 상담사 등등이 정기적으로 학교에 오는 것이 제도화되어 있다. 학년 과정 중에 사회봉사나 직장 경험 등을 하는 인턴십 프로그램이 괴팅겐 통합학교와 파트너십을 가진 회사와 기관, 단체 등을 통해 이루어진다. 그들은 학생들에게 자리를 제공함으로써 학생들의 배움에 동참한다. 또한 그들이 필요할 때 괴팅겐 통합학교 학생들이 자원봉사로 참여하기 때문에 도움을 받는다. 예를 들어, 괴팅겐 문화 단체에서 인턴 자리를 제공했다면, 그 단체가 주관하는 행사에 괴팅겐 통합학교 학생 오케스트라가 무료로 가서 연주를 할 수 있도록 한다. 실제로 괴팅겐 시의 문화 행사에는 일반 학교 학생들의 참여가 종종 정식 프로그램으

---

11. 독일(넓게는 유럽 국가들)에서 결혼은 법적 결합이다. 동거 상태에서도 자녀를 양육할 수 있으며, 이혼한 사이라도 각자의 새로운 동거자(또는 법적 배우자)와 동등한 권리와 책임을 지고 자녀 양육에 임하는 것이 기본이다. 자녀의 학교행사나 스포츠 시합에 이혼한 부모, 계부모, 조부모까지 참관하러 오는 경우가 많다. 자녀 앞에서 생부모는 양육을 공동 책임지는 농료로 행동하고, 각자의 새 파트너들도 친구로 대한다.

로 편성되곤 한다.

이러한 파트너십을 가진 기업이나 단체는 10학년을 마치고 직업학교로 진로를 결정하는 학생들에게 실습 및 일자리를 제공한다. 학생들은 9~10학년을 마치고 전문 분야 직업학교를 가게 되면, 주 3~4일은 현장에서 도제식 실습을 하고 1~2일은 학교에서 이론을 배우면서 3년을 보내게 되는데, 괴팅겐 통합학교 출신 학생들은 실습 현장을 찾는 데 큰 어려움이 없다. 그 전부터 파트너십을 가진 곳들로부터 품성과 능력에 대한 신뢰를 받고 있기 때문이다. 이처럼 괴팅겐 통합학교는 학교운영진뿐 아니라, 학교 전체가 모든 파트너들을 환영한다. 학교는 사적인 공간이 아니고 사회에 속해 있고 그 일부이기 때문이다.

괴팅겐 통합학교는 또한 괴팅겐 교육지구에 속해서 다른 학교들과도 연대하는데, 독일의 학교 연합체인 "담장 너머 보기"(Blick über den Zaun)[12]에 회원 학교로 참여하고 있다. 더 넓게는 말레이시아, 인도, 오스트리아, 나이지리아 등의 교육기관들과 네트워크를 구성하여, 국제적 방문객들이 종종 수업을 참관하기도 하고, 교환학생 프로그램을 운영하기도 한다.

---

12. "담장 너머 보기(Blick über den Zaun)"는 독일 혁신 학교들의 모임으로 1989년 창립되었다. 학술회의와 워크숍 등을 통해 학교운영과 관련된 다양한 사안들에 대해 의견을 나누고 대안을 제시한다. 초등학교, 통합형 중등학교 및 김나지움 등 약 120개 회원 학교들이 참여하고 있다. 보다 자세한 내용은 홈페이지 http://www.blickueberdenzaun.de/ 참조.

책상그룹 저녁 모임 사진

학생-학부모-교사의 소통: 책상그룹 저녁 모임

배움과 소통의 공간은 학교에서 집으로 연장된다. 책상그룹은 1년에 네 번, 즉 3개월에 한 번 저녁 시간을 이용해 한 가정에 모인다. 어느 가정이든 6년 동안에 한 번씩은 이 책상그룹 저녁 모임을 초대하게 되지만, 순전히 자발적인 초대이지 강요되지는 않는다. 이 저녁 모임의 핵심은 초대하는 아이와 그 부모가 주인이 되어 담임 선생님 두 분과 다른 다섯 가정을 맞이한다는 것이다. 모임의 시작은 대개 오후 6시 이후인데, 담임교사와 개별 면담을 하고 싶은 학생과 학부모는 약속을 잡고 오후 5시에 먼저 도착한다.

초인종을 누르면 문이 열리고 집주인이 손님들을 맞이한다. 집마다 규모는 다르지만, 일단 크게 두세 개의 공간이 필요하다. 작은 방 하나에는 개별 면담을 위해 의자 서너 개가 준비된다. 식당이나 거실 한켠에는 빵, 케이크, 과자 및 음료 등이 접시, 포크, 컵, 냅킨 등과 마련되어 있다. 개별 면담은 교사의 학생 평가서와 학생의 자기 평가서를 바탕으로 진행하기도 하고, 기타 다른 안건을 3자가 서로 상의하는 시간이다. 이렇게 개별 면담이 진행되며 차례차례 각 가정이 모두 도착하게 되면, 전체 모임을 갖는다.

담임교사 2명, 책상그룹 학생 6명, 그리고 그들의 부모 한두 명씩 이렇게 최소 14명 이상이 빙 둘러 앉는다. 저학년은 아직 이런 모임이 익숙하지 않아서 담임이 사회를 보면서 순서가 진행된다. 먼저 아이들이 지난 3개월 동안 학교생활에 대한 평가를 한다. 고학년으로 올라가면, 책상그룹 학생들이 미리 프레젠테이션을 위한 차트를 함께 만들어 발표와 평가를 진행한다. 아이들은 각자 수업, 책상그룹 활동, 친구 관계 등등에 대해 다양한 평가와 의견을 자유롭게 개진한다. 좋았다고만 얘기하는 것이 아니라, 좋으면 무엇이 좋았고, 부정적인 것이 있다면 왜 그랬는지 구체적인 사례를 들어 지적한다. 학부모들은 이들의 발언을 경청하고, 필요할 경우 질문이나, 혹은 사전에 아이로부터 들었던 얘기를 살짝 던져서 지지하기도 한다. 이렇게 아이들 중심의 평가회가 끝나면, 아이들은 밖에 나가 놀거나, 다른 방에 가서 알아서 노는 시간을 갖고, 학부모와 교사만 대화를 이어나간다.

교사와 학부모 간의 대화 내용은 아이들의 학교생활에만 국한되지 않는다. 집에서의 인터넷 게임, 스마트폰을 이용한 그룹

SNS 활동(Whatsapp 왓츠앱) 등 현재 우려되는 부분들을 서로 이야기하고, 되도록 각 가정이 일관된 원칙을 적용하는 방안 등을 논의한다. 아이들도 각 부모들의 규율을 비교하는 편이어서, 이에 대한 나눔은 매우 효율적이다. 또한 학부모들은 자신들이 거론하면 잔소리가 되는 문제들에 대해서 교사들에게 부탁을 하기도 한다.

교사, 학부모 간의 시간이 끝나면, 교사들은 먼저 집을 떠나고, 학부모들만의 시간을 갖는다. 학부모들 간의 친교 시간이기도 하거니와 교사들 앞에서 거론하기 곤란한 주제들도 서로 나누기 위함이다. 학부모들끼리만 나눈 의견들은 이후 학부모 대표에게 전해지거나 교실 전체 회의 등이 있을 때 적극적으로 개진되기도 한다.

책상그룹 저녁 모임 참여는 괴팅겐 통합학교에 자녀를 보내는 학부모들에게는 의무이다. 괴팅겐 통합학교에 아이를 보내기로 결정한 순간, 이 모임 참여를 의무화한 계약서에 서명하기 때문이다. 이 모임에 이유 없이 참여하지 않거나, 불참 빈도가 높을 경우에는 학교로부터 경고를 받고, 필요시에는 불이익을 받을 수도 있다. 학교에서는 책상그룹 활동이 괴팅겐 통합학교 교육이념의 핵심이기 때문에 가정에서도 이러한 소통 프로그램에 동등하게 참여함으로써 배움의 공동체 문화를 공유해야 괴팅겐 통합학교의 가족이 되는 것으로 여기고 있다.

담임교사 두 명은 6개의 책상그룹 저녁 모임에 항상 같이 참석하게 되어 있는데, 한 그룹당 4회이니, 1년에 24회의 모임에 참여하는 셈이다. 이는 순전히 학교 이념에 동의하여 실천하는 일이기 때문에 근무시간 외 수당은 지급되지 않는다. 이렇게 본다면, 책상그룹 시스템이 얼마나 치밀하게 정립되고 지속적으로 실행되고 있는지 알 수 있다. 앞에서도 설명했듯이, 학생 개개인은 6년을 거치며 같은 반의 다른 친구들과 모두 책상그룹을 경험한다. 각 책상그룹에서 빈부 차이나 한 부모 가정 등의 상황이 크게 비교되지 않는 문화가 있기에, 크든 작든 모든 가정에서 거의 한 번씩은 이 모임을 갖게 된다. 넘치지도 모자라지도 않게, 주어진 여건에 맞도록 교육철학과 이념을 제도적으로 정착시키고 그것들을 40여 년째 꾸준히 지속시킴으로써 그들만의 소통 문화를 구현하고 있음을 높이 사지 않을 수 없겠다.

6. 소통 문화의 결실들

긴장감이 없는 학교의 일상

괴팅겐 통합학교의 교사들은 주 24시간 수업을 소화해야 한다. 일반 김나지움보다 서너 시간 더 많은 시수이다. 그 외에도 각종 취미 클럽 활동을 이끌기도 하고, 책상그룹 저녁 모임에도 참석한다. 따라서 학교의 정제된 소통 구조는 교사들에게 더 많은 시간을 쓰도록 하는 것처럼 보인다. 수많은 팀 회의 및 행사들까지 더해져서 실제로 학교에 많은 시간을 매이게 만든다. 하지만 그것은 반대로 각자 집에 있는 책상에서 일하는 시간을 줄여주고 혼자 신경 써야 하는 사안이나 부정적인 감정들(예를 들어 좌절감 등)을 현저히 낮추는 것도 사실이다. 함께 일하고, 함께 책임지기에 어떤 일에서든, 실수라든지, 실패, 그래서 고립될 수 있다거나 하는 개인의 부담이 덜어진다.

학생들이 보여주는 성취도는 괴팅겐 통합학교 교사들에게 그 무엇과도 비교할 수 없을 만큼 높은 자기 직업 만족도로 나타난다. 10학년을 마칠 즈음이 되면, 괴팅겐 통합학교의 학생들 하나하나는 자기 재능을 인지하고 정체성을 확립하며 팀과 더불어 일할 능력을 갖추어, 자기 인생을 스스로 항해할 능력을 겸비하게 된다. 이 과정을 함께한 괴팅겐 통합학교 교사들은 대부분 정년퇴직 때까지 혹은 그 이상 일한다.

5학년 클럽의 날

학부모들은 성적이 우수한 자녀들뿐만 아니라 아주 부진한 자녀를 둔 경우에도 자기 자녀들을 괴팅겐 통합학교에 진학시키는 것을 꺼리지 않는다. 세상 모두가 의사나 변호사, 건축가가 될 수는 없는 일이며, 의사나 건축가도 자기와 다른 누군가와 일할 수 있는 팀 능력은 매우 중요하다. 서로의 능력을 알아나가고 그것들을 조화롭게 어울리도록 하는 학습활동은 성과를 내는 것 이상의 중요한 인성 교육이자 어떠한 세상이 되든 주변 사람들과 호흡하며 살아갈 수 있는 지혜를 배우는 것이다.

이렇게 경쟁이 아닌 협력을 배우는 괴팅겐 통합학교의 학교 일상에는 긴장의 분위기가 없다. 금요일 오후 3시 35분에서 오후 4시 사이에 학교가 파하면 학생들은 스트레스나 절망감을 느끼지 않는다. 학생들은 설령 불편한 마음이나, 스트레스, 상처가 있더라도 스스로 그것을 변화시킬 수 있도록 하는 것이 괴팅겐 통합학교 학교문화의 저력이라고 여긴다. 모든 가능성이 열린 학교로서 어떠한 이야기도 나눌 수 있는 열린 소통의 공간, 소통의 문화, 그래서 더 많은 이야기가 만들어지는 괴팅겐 통합학교가 독일 최우수 학교상을 받은 것은 바로 이러한 문화 덕분이다.

2011년 독일 최우수 학교상

독일 학교상은 2006년부터 매년 독일 전역에 있는 학교를 대상으로 한 평가를 통해 시상된다. 독일 굴지의 기업인 보쉬(Bosch)를 보유한 로버트보쉬재단(Robert Bosch Stiftung)과 하이데호프재단(Heidehof Stiftung: 교육과 장애인 지원 프로그램 중심 활동)이 시사 매거진 『쉬테른(Stern)』과 공영 방송사인 ARD와 함께 이 상을 주관하고 있다. 현재 총 상금 23만 유로로 독일에서 가장 규모가 크다. 독일 연방정부 대통령 또는 총리가 최우수 학교에 10만 유로의 상금과 트로피를 시상식에서 직접 전달한다. 매년 그룬트슐레, 하우프트슐레, 레알슐레, 김나지움, 게잠트슐레 등 100~200여 개 가까이 되는 후보 학교들이 경선에 참가한다. 14명 정도로 구성된 각 분야 전문가들이 면밀히 심사하여 그중 15개 학교를 선정하게 된다. 2011년에는 총 119개 학교가 경선에 참가하였고, 괴팅겐 통합학교는 그중에서도 최우수 학교로 선정되었다.

독일 최우수 학교상은 분명 그 상징성이 크다. 40여 년 전 개교 준비팀은 계층의 분화 대신 통합을, 경쟁 대신 협력을, 지식의 일방적 주입 대신 상호 소통의 지혜를, 그리고 신뢰를 바탕으로 한 자율과 책임의 인성을 길러주는 학교문화를 지향했다. 그 지향 가치들은 클러스터 공간 및 지속가능한 제도로 구현되었고, 마침내 그 성과를 인정받게 된 것이다. 더욱이 책상그룹으로 대표되는 소통 중심의 운영 원리는 학교뿐 아니라, 심지어 기업에도 적용되어 생산성과 효율성 향상을 결실로 내오고 있다. 그만큼 최우수 학교상 수상은 괴팅겐 통합학교에게 더 큰 자긍심과 확신을 심어준 것이 사실이다.

2011년 당시 독일 학교상 웹사이트(Der Deutsche Schulpreis)[13]에는 괴팅겐 통합학교의 최우수상 수상이 당연하다며 다음과 같이 설명하고 있다.

"교사들은 학생 한 명이라도 놓치지 않는다. 이 학교는 니더작센 주의 김나지움 상위 단계(11~13학년)에서도 상위 5퍼센트에 속한다. 대학 입학 시험(Abitur: '아비투어'로 불림)에서도 최고를 달린다. 2010년 수험생들이 올린 점수는 평균 0.7점으로, 25퍼센트의 학생들이 최종 성적으로 0.1점을 받을 정도로 최고의 성적

---

13. http://schulpreis.bosch-stiftung.de/content/language1/html/53260.asp

을 보였다.[14] 이러한 시험 결과뿐 아니라, 독일 학교상 평가 항목들(다양성, 교육, 책임감, 학교생활과 발전)에서도 완벽한 평가를 받았다. 14명의 평가위원들은 만장일치로, 게오르크-크리스토프-리히텐베르크 통합학교에 2011년 독일 학교 최우수상을 시상하기로 결정했다."

다시 교문을 나서며: 괴팅겐 통합학교의 교훈, 그리고 미래

좋은 학교란 아이들이 다니기에 좋은 학교임에 분명하다. 괴팅겐 통합학교에서는 대학 입학 시험의 높은 점수를 강요하지 않는다. 그런데도 아비투어에서 늘 가장 높은 평균 점수가 나온다. "자신들이 선택한 진로이기 때문에 책임을 갖고 공부했으니 당연한 거죠"라는 것이 교사의 대답이다. 학교에서는 어떤 시험도 강조하지 않는다. 학교의 장기 발전 목표 중 하나는 점수로 환산되는 성적표 자체를 없애는 것일 정도이다. 아이들의 총체적인 성장을 평가하는 데에 전혀 도움이 안된다는 판단 때문이다. 국가 단위, 그리고 국제적 차원의 시험(예를 들어 PISA) 등 모든 표준 시험들을 보긴 하지만, 그 점수 결과에 연연하지 않는다. 그런데도 늘 평균 성적이 니더작센 주에서 높게 나타난다. 이곳의 아이들은 시험에서 나오는 내용 이상을 자연스럽게 섭렵하기 때문에

---

14. 독일에서는 높은 성적은 1이고 그 다음부터 2, 3, 4, 5, 6으로 내려간다. 1, 2는 예전 한국으로 치면 수와 우에 해당하며, 3점이면 중간이다.

그런 시험들은 쉽게 여긴다고 한다.

시험과 성적이 우선이 아닌 학교. 이것은 좋은 학교로서 갖는 조건의 단지 한 부분에 해당된다. 전인적 인간으로 자라도록 하는 것은 통합학교라는 이름 자체가 대변하듯 종합적인 요소들이 치밀하고 세밀하게 마련되고 운영되는 배려와 관심에 달려 있다. 그러한 환경을 조성하는 것이 어른들의 몫이다. 다양한 전문가와 학부모 모두가 아이들의 배경인 셈이다.

괴팅겐 통합학교가 좋은 학교가 될 수 있는 배경은 첫째, 독일 교육정책의 중요한 특성 중 하나가 작동하기 때문이라는 점을 들 수 있다. 바로 지역별, 학교별 자치 자율권의 보장이다. "담장 너머 보기" 같은 혁신 학교 모임에서는 아이들의 교육을 위해서라면 학교의 교장이 중앙정부의 법도 어길 수 있어야 한다고 본다. 볼프강 교장 역시 이러한 믿음이 확고하다. 근대 학교제도는 민족-국가라는 근대 문명의 산물로 일관된 국민을 양성하기 위한 제도였다. 그래서 중앙정부가 지향하는 교육의 내용과 방법은 일관될 필요가 있었다. 일제에 의해 식민지 한국에 강요된 독일식 학교교육은 곧 '획일화'였다. 그러나 독일은 이러한 획일적인 주입식 교육의 가장 비참한 역사를 경험했다. 나치즘이 바로 그것이다. 인류 역사에 씻을 수 없는 죄악을 직접 저질렀던 과거는 현재도 유효하다. 나치에 저항했던 빌리 브란트 전 수상이 폴란드 유태인 추모비 앞에서 비 오는 날 무릎을 꿇고 독일의 죄를 고백하고 용서를 구한 장면은 독일 사회와 학교의 교육 내용과 도덕심에 현재진행형으로 생생하게 남아있다. 괴팅겐 통합학교에도 유태인 수용소의 참상을 알리는 이야기가 삽화로 그려져 학생들의 통행이 빈번한 공간 벽을 채우고 있다.

이러한 역사적 특성을 맥락으로 하기 때문에, "독일 교육"이라는 일반화된 표현은 문제가 있다. 획일적인 표준화가 각 지역과 학교마다 일관되게 전달되어 시행되지 않기 때문이다. 연방제인 독일에서 중앙 권력의 교육 방침이 각 주와 각 도시 및 개별 학교까지 파급되도록 강제할 수 없다. 인간이 만들 수 있는 가장 완벽한 관료 시스템, 그래서 막스 베버조차 "철의 감옥"에 스스로 갇히는 꼴이 될 것이라 예측했던 그 독일의 관료제라 하지만, 대화, 논쟁, 협력 및 연합 등을 실현하는 절차적 민주주의, 그리고 단위별 책임자에 신뢰를 바탕으로 최대한의 권한을 부여하는 역동성은 혁신 학교 생성과 운영이 가능토록 한 중요한 조건이 아닐 수 없다.

둘째, 이념과 철학의 구체적 제도화를 통한 지속가능성의 구현이다. 혁신 학교 구상과 그 실현 과정, 그리고 현재까지의 진행 상황을 보면 이는 확연하게 드러난다. 차세대가 살아갈 보다 나은 미래 사회를 위한 열망을 교육 현장에 투사하고, 그 가치들을 개념화하면서 동시에 하나의 핵심적 제도로 구체화시켰다. 그것이 바로 책상그룹이다. 아이들로부터 교사, 교직원, 그리고 학부모들까지 이를 중심으로 관계적 소통을 실천하며 그 독특한 문화를 몸으로 익혀 나간다. 학교 건물도 이 개념과 제도가 공간화된 것이다. 초기의 가치관들이 사람이 바뀌어도 재생산될 수 있도록 기획한 일상의 문화이다. 지속가능할 수 있어야 교육적 효과가 나타나기 때문이다. 물론 어떤 시스템들은 변화의 가능성을 차단하기도 한다. 그러나 책상그룹은 소통과 관계를 통해 변화를 도모하는 장치이다. 개인별 재능을 일깨우고, 타인의 재능을 인정하며, 서로의 재능을 상호 보완하면서 더 큰 꿈을 꾸도록 한다. 경쟁에서의 승리를 목적으로 하는 공부가 아니라, 자기 스스로 무언가를 이룰 수 있다는 자신감과 창의성을 발견하고 실현하는 도구로 공부를 한다. 1등을 위한 경쟁이 아니라, 상호 존중과 협력을 도모할 수 있는 리더십, 인성과 감수성의 습득을 체화시키는 문화적 장치가 바로 책상그룹인 것이다.

마지막으로, 괴팅겐 통합학교의 사례가 시사하는 바는 공교육 체제 안에서 혁신을 일구어내는 힘이다. 독일은 다양한 교육의 실험장으로도 널리 알려져 있다. 공교육 대신 특성화된 사립학교들도 많이 있다. 발도로프와 몬테소리뿐 아니라, 국제학교와 숲속학교 등 한국에도 소개된 학교와 프로그램이 적지 않다. 그러나 괴팅겐 통합학교 관계자들은 그러한 교육운동 대신 공교육 안에서의 변화를 유도해냈고 유도하고 있다. 가장 큰 이유 중 하나는 역시 교육 혜택의 범위 때문이다. 사립학교의 건립과 운영에는 경제적 부담을 감수할 만한 가정만이 참여할 수 있게 된다. 보다 광범위한 혜택이 가로막히는 구조적인 문제가 아닐 수 없다. 따라서 1970년대 사회 변화를 이끌었던 당시의 교육자와 전문가들은 자신들의 도시에서, 공공 영역의 확대 차원에서 대안교육 시스템을 구현하고자 했던 것이다. 이러한 시민사회의 움직임은 민주주의, 공적 자원, 지방 및 중앙 정치, 지역 경제 등 사회 전반에 걸친 변화의 노력과 교육개혁이 불가분의 관계로 얽혀서 함께 진행된다는 점을 보여주고 있다.

근대 국가에서 교육은 권리와 의무로 동시 규정되어 있다. 의무교육 기간으로 규정된 기간에는 그 교육과정을 이수해야 하는 것이 국민 개개인의 의무이기도 하거니와, 교육받을 국민의 권리를 충족시키기 위한 국가의 의무이기도 한 것이다. 독일에서는 대부분의 북유럽 국가들처럼 대학 이상의 교육까지 모두 국가의 의무로 인식되는 경향이 크다. 등록금이 없는 것도 그 때문이다. 고등교육을 받고자 하는 국민의 권리를 충족시켜주는 셈이다. 그러나 대학은 입학만 하면 다 되는 것이 아니다. 학업과 대학 진학 연령대 인구의 45퍼센트가 대학에 진학하지만, 모두가 졸업하진 못한다. 낙제 점수를 받으면 회복할 기회를 영영 잃어버리기도 한다. 다른 학교로 재입학이나 편입도 못하는 완전 탈락자들도 적지 않다.

물론 대학을 '못' 가서 문제가 되진 않는다. '안' 가는 경우도 무시할 수 없다. 통계상으로 보면, 독일의 10대들 과반수가 대학 대신 직업학교로 진학하여 일찌감치 다양한 기능직, 기술직, 행정직 등의 직업을 갖게 된다. 대학 졸업자들의 직업 선택의 폭이 넓기 때문에 대학교육이 권장되는 것이 사실이다. 그러나 대학 자체가 필수가 아닐 뿐 아니라, 그 부담을 가정에 넘기지 않는 교육 시스템이 독일의 특성이다. 이러한 교육 환경과 제도가 만들어진 데에는 과거의 역사를 성찰적으로 해석하고 현재의 개혁을 통해 과오를 되풀이하지 않는 미래를 만들고자 했던 지금의 어른들의 노력이 크게 기여했다.

이와 같은 취지를 가지고, 우수한 인적 자원 배출을 위해 기존의 분화된 3중 학제를 선호하는 지역과 사람들이 여전히 많은 것도 사실이다. 김나지움을 보다 활성화시키기 위한 노력과 그 뒷받침은 보수적 성향의 지역에서 주류를 형성하고 있다. 진보적 도시로 알려진 괴팅겐 시조차도 여전히 김나지움의 숫자가 많다. 설령 지방정부 차원에서 통합학교를 보다 장려한다 하더라도, 모든 학교가 통합학교로 바뀌는 것은 다양성 및 선택의 자유 침해라는 이유로 찬성하지 않는 의견도 폭넓게 존재한다. 그런데도 괴팅겐 통합학교에 제출되는 입학 신청서 수는 매년 증가하는 추세이며, 이에 따라 괴팅겐 시 북쪽 지역에 김나지움 과정까지 포함한 또 하나의 괴팅겐 통합학교가 2015년 가을 학기부터 문을 연다. 그리고 이 새로운 괴팅겐 통합학교에도 책상그룹 제도가 들어서게 될 예정이다. 이를 위해 현 괴팅겐 통합학교의 부교장과 함께 노련한 교사가 그 학교로 옮겨가서 총지휘를 하기로 했다. 괴팅겐 통합학교는 그렇게 현재진행형으로 확대되고 있다.

2015년 5월말, 금요일 저녁 괴팅겐 통합학교는 개교 40주년을 맞아 성대한 파티를 벌였다. 1200여 명의 졸업생과 고학년 재학생과 가족들은 새벽까지 학교를 들썩였다. 1회 졸업생들의 올드밴드가 흥을 돋우고 오랜 만에 만난 동문들이 이야기꽃을 피웠다. 그 다음 날인 토요일에는 2년마다 열리는 졸업생들의 만남이 있었는데, 여기에도 600여 명이 참석했다. 40주년 개교 기념행사는 단순한 요식행위가 아니라, 지역은 물론 독일과 주변 국가의

5학년 클럽의 날

교육 모델로 자라난 모교를 진심으로 기뻐하고 축하하는 자리였
다.

　개교 기념 40주년을 맞아 출판한 책자는 2015년도가 아니라
2025년 개교 50주년 기념이라는 미래로부터 첫 페이지를 시작한
다. 1970년대의 이야기는 맨 뒤 페이지에 나온다. 2025년, 50주년
을 기리는 미래의 교장은 여성이고 이 학교의 졸업생이다. 그리
고 학교의 이름이 되어준 과학자 게오르크-크리스토프-리히텐베
르크의 자손인 듯 그의 성을 가진 크리스티안 리히텐베르크라는
이름을 가졌다. 학교의 전통에 따라 크리스티안이라 불릴 이 교
장은 2025년 현재 6년째 교장을 맡아 괴팅겐 통합학교의 전통을
잇고 있으며, 지난 10년간의 변화 몇 가지를 이렇게 소개한다.
　"맨 처음 이 학교를 세운 분들은, 새로운 학교의 문화가 이토록 오랫동안 지속될 거라고는 상상하지 못했을 겁니다. …… 괴팅겐의 교육 지형도 많이 바뀌었습니다. 이제 이곳에는 5개의 통합학교가 운영되고 일반 김나지움은 3개만 남게 되었습니다. 이렇게 통합학교가 늘었지만, 10년 전에도 그랬듯 보다 많은 학생들이 우리 학교에 오고자 하고 있습니다. (환경이 개선되기도 하여) 이제 우리는 한 반에 24명의 학생을 2명의 교사가 돌봄으로써, 학생 한 명 한 명에게 보다 더 신경 쓸 수 있게 되었습니다. …… 마침내 전 학년에 걸쳐서 성적표를 없앴습니다. 각 회사와 대학들은 신입생과 신입 직원을 뽑기 위해 자체적으로 평가하게 되었으니, 마침내 우리는 보다 참된 교육에 신경 쓸 수 있게 되었습니다. …… 이제는 새로운 학습 개념에 따라 학생마다 다른 속도로 배울 수 있습니다. 이제 우리는 100주년을 향해 갑니다. 우리는 지난 시기 우리가 해온 일들이 자랑스럽기에 앞으로의 반백 년도 자신감으로 일구어가리라 자신합니다."

유급과 탈락이 없고, 서로 다른 속도로 공부하되, 점수로 서열화하지 않으며, 정신적 발달과 진정한 배움의 기쁨을 누리게 되는 학교. 교사와 학생, 학부모 모두가 함께 성장하면서, 아이들 한 명 한 명이 모두 자신의 능력을 알고 실현해나갈 준비가 된 배움의 공동체. 괴팅겐 통합학교는 괴팅겐 시의, 니더작센 주의, 독일의, 아니 모든 세계의 학교가 그렇게 변하리라는 확신으로 지금도 진화 중이다.

참 / 고 / 문 / 헌

Boldebuck, Catrin. 2011. Georg-Christoph-Lichtenberg-Gesamtschule http://schulpreis.bosch-stiftung.de/content/language1/html/53260. asp

Fuchs Marek, Kassel. 2009. "Violence at German Schools: Findings and Oepn Questions", International Journal of Violence and School 9(0): 79-101.

베를린 자유대학교 연구협력 소식 "Preventing Violence in Schools", http://www.fu-berlin.de/en/kooperationen/vorgestellt/scheithauer_schulen/

볼프강 포겔쟁어(Wolfgang Vogelsaenger) 교장의 에세이

2012. Schulleitung heute (오늘날의 학교 운영)

2009. Tischgruppenarbeit—was sonst? (책상그룹 활동)

2011. Das Schulportrait Georg-Christoph-Lichtenberg-GesamtschuleGöttingen-Geismar(게오르크-크리스토프-리히텐베르크-통합학교의 학교 초상화): Wir organisieren Kommunikation(우리는 소통을 체계적으로 구성한다).

2015. Professionell Lerngemeinschaften gestalten (전문적으로 디자인된 배움의 공동체)

2012. "Heterogene Schülergruppen und Elternkooperation"(다양한 학생 그룹과 학부모의 협력)

2011. Teamentwicklung als Schulprinzip (학칙으로서의 팀 개발)

2007. Ganztagsschule—das andere Leben und Lernen in der Schule (종일제학교: 또 다른 삶과 배움)

2015. Die Georg-Christoph-Lichtenberg-Gesamtschule Göttingen-Geismar. Rückblick und Ausblick (괴팅겐 통합학교의 평가와 전망)

2015. Georg-Christoph-Lichtenberg-Gesamtschule (40주년 개교 기념 자료집)

볼프강 포겔쟁어
괴팅겐 통합학교 교장 선생님 인터뷰

일시 2015년 2월 13일 8:45~10:45
장소 괴팅겐 통합학교 교장실
참석자 볼프강 포겔쟁어, 정진헌

정진헌 교장(Director)으로 이곳에 13년 계셨나요?

볼프강 네. 전에 계셨던 교장 선생님과 팀을 이루어 이 학교를 설립했고, 은퇴하시면서 저에게 자리를 맡아줄 수 있냐고 여쭈셨어요. 그때까지 다른 학교에 있었어요. 학교를 보러 하노버(Hannover)에서 왔어요. 이 학교를 보고 "아, 이건 내 학교다."라고 생각했죠.

정진헌 아, 그럼 하노버에서 오신 거군요. 무슨 일을 하셨나요?

볼프강 공부를 했고 김나지움에 있었어요.

정진헌 가르치고 계셨나요?

볼프강 네, 가르쳤어요. 44년 동안 가르쳤죠. 독일에 있었기 때문에 저는 19세부터 가르치는 일을 시작했어요. 독일에는 교사가 없었어요, 아니 부족했죠. 그래서 글을 읽고 쓸 줄 아는 사람들은 모두 교사가 될 수 있었어요. 아침에는 학교에서 가르치고 있었고, 오후에는 대학에 가서 공부를 했어요. 이건 정말 좋은 거였어요, 왜냐하면 독일의 교육대학들은 가르치는 일에는 좋지 않았기 때문이죠.

정진헌 과거에요?

볼프강 아니요, 현재요.

정진헌 현재요?

볼프강 예. 좋지 않은 이유는, Second-level에서 새로운 교사들이 한 차시 수업을 준비하는 것을 배우기 때문입니다. 현실에서는 다음 날 아침부터, 일주일 동안 24차시 수업을 해야 하죠. 그렇기 때문에 좋지 않습니다.

정진헌 네. 하지만 당신 세대에서는 가르치는 것이 배우는 것이었죠?

볼프강 예.

정진헌 19세부터 가르치는 일을 시작하셨으니, 44년 동안의 교수 경험이 있으시네요. 정말 긴 시간이죠?

볼프강 네, 긴 시간이죠. 항상 재미있었고, 저는 학교에 있는 것이 좋습니다.

정진헌 교수 질에 대해 언급해주셨는데요, 이메일에서 프로젝트에 대해 간략하게 말씀드렸던 것처럼, 올해 6월 초에, 두 대학에 소속된 3개 이상의 리서치 팀들이 협력하여 회의를 주최합니다. 회의의 주제는 미래의 교육철학과 정책입니다. 기본적으로 30년 후를 말하는 것인데, 우리 사회가 어떨지 상상할 필요가 있습니다.

볼프강 우리가 어떠한 사회를 원하는지요?

정진헌 네. 그리고 동시에 이를 위해 우리에게 어떠한 학교제도나 교육철학이 필요한지, 우리가 어떠한 인재를 양성할 것이고, 학교교육을 통해 학생들에게 어떠한 역량을 키워줄 것인지를 의미하죠. 이것이 주제입니다. 보통 아시아에서는 교육을 미리 계획해야 한다고 봅니다. 공자는 교육이 백년대계라 하였지만, 요즘과 같이 시간이 빨리 흐르는 세대에는 30년이 우리가 상상할 수 있는 최대일 것 같습니다. 그렇죠?

볼프강 30년은 정말 긴 시간이죠. 40년 전에, 저희 학교가 설립되었습니다. 우리는 지금도 그때와 같은 개념(concept)을 가지고 있죠. 그리고 2011년 우리는 독일에 있는 최고의 학교로 상을 탔습니다. 그리고 10만 유로를 받았죠. 거의 40년이나 된 개념인데, 독일에서 최고의 학교 상을 탄 거죠. 이것은 굉장히 놀라웠습니다. 30년을 생각한다면, 30년 뒤에 한국에서도 세계 최고, 혹은 한국 최고의 학교가 생기지 않을까 싶습니다.

정진헌 솔직히 말씀 드리자면 한국은 지금도 그렇고, 미국에서는 최근에 오바마 행정부가 한국과 인도 학교 모델을 따라하고 싶어합니다. 특히 공립학교 시스템을요. 그런데, 한국에서는 "교실의 붕괴"를 얘기합니다. 공립학교 시스템이 이제 더 이상 작동하지 않는다는 것입니다. 이제 많은 학부모와 학생들이 방과 후 사교육에 의존하는 경향이 있습니다. 한국에서는 수능시험이 인생의 가장 중요한 목표이기 때문에, 모든 학생들이 공립학교에 가면서, 또 다른 학생들보다 더 우수한 성적을 거두기 위해 사교육 시장에 의존하는 경향이 있다는 것입니다.

볼프강 예, 이건 제가 인도에서 배웠어요. 3달 전, 저는 아내와 학생 20명과 함께 인도의 한 사립학교에 갔었습니다. 이 학교 시스템은 우리 시스템과 정말 달랐습니다. 여성 분이셨던 교장은 굉장히 엄격했어요. 모든 것이 그녀의 통제하에 있었습니다. 종이나, 화장실이나, 모든 것들이. 모든 사람들이 무언가를 하기 위해 그녀의 허락을 받아야 했습니다. 끔찍했어요. 저희 철학과 완전히 대조되는 철학이었죠. 6월에 인도 학생들과 교장, 교사 2명이 우리에게 왔을 때, 그들은 완전히 다른 세상에 있었죠. 우리가 인도에 있을 때 우리 학생들이 말했습니다. 그곳에서는 교장 선생님이 앉아서 음식을 대접받으셨지만, 우리 학교에 오신다면 다른 사람들과 마찬가지로 똑같이 줄 서서 기다리셔야 할 것이라고.

정진헌 중고등학교였나요?

볼프강 네.

정진헌 인도에서 최고의 학교로 여겨지는 학교들 중 한 곳이었죠?

볼프강 네. 수영장과 테니스장도 있었죠. 모든 것들, 장비들이 잘 갖춰져 있었지만, 교육은 좋지 않았습니다. 그 교장 선생님이 이곳에 오셨을 때 이렇게 말씀하셨죠. "저도 조금은 당신과 같은 교장 선생님이고 싶습니다. 그렇지만 인도에서는 그것이 가능하지 않죠. 위계질서를 유지해야 하기 때문입니다. 제가 너무 친절하다면 학부모님들이 제가 좋지 않은 교장이라 말할 것입니다."

정진헌 네. 그렇지만 한국에서는 이제 조금 달라지고 있습니다. 많은 교사들이, 특히 교원노조에 소속된 교사들이 더 민주적인 교수법이나 교장 선생님과 더 민주적인 관계를 원합니다. 하지만 여전히 학교제도 내에서는 교장 선생님이 가장 높은 지위에 있죠. 여전히 한국 학교에는 위계질서가 존재하고 있지만, 훨씬 나아지고 있습니다. 사실 소규모 학교들이 더 민주적으로 변하고 있죠. 말씀하신 것처럼, 괴팅겐 통합학교는 독일의 다른 학교들과 조금 다릅니다. 그런데 2011년에 옛날의 개념을 갖고 있는 괴팅겐 통합학교가 독일 최고의 학교로 상을 받았죠. 그렇다면 괴팅겐 통합학교의 옛 교육철학이 무엇이고 새로운 교육철학은 무엇입니까?

볼프강 먼저 독일 학교제도의 철학에 대해 말씀드리는 것이 좋을 것 같습니다. 괴팅겐 통합학교의 철학이 이와 대조되기 때문이에요. 45년 전에 괴팅겐 통합학교를 계획하고 설립한 사람들이 독일 학교제도가 진퇴양난에 빠졌다고, 엉망이라고 생각을 했죠. 그래서 구제도와 대조되는 새로운 제도를 세웠습니다. 독일의 학교제도에는 세 계층이 있었습니다. 농민들, 도시 시민들, 그리고 가장 높은 귀족들이었죠. 그래서 독일에는 이 세 계층을 재생산하는 세 가지 학교 시스템이 있었죠. 우수하지 못한 학생을 위한 하우프트슐레, 중간계급 학생들을 위한 레알슐레, 마지막으로 우수한 학생들을 위한 김나지움입니다.

볼프강 우수한 학생들은 의사나 건축가 등이 되죠. 그들은 공부할 것입니다. 중간계급 학생들은 일꾼, 수공업자, 등이 되겠죠. 더 낮은 학생들은 거리의 노동자가 되겠죠. 이렇듯 학교제도는 사회제도를 확정(confirm)합니다. 이건 독일에 있는 대부분의 학교에서 당연한 것으로 여겨지요. 만약 학생이 학자 가족에서 온다면, 학자가 되겠고, 만일 이주 노동자 가족에서 온다면, 마찬가지로 노동자가 될 것입니다. 그러나 45년 전 이 학교의 아이디어는, 전 세계 아이들을 위한 글로벌한, 포괄적인 곳이 되는 것이었습니다. 다양한 계층과 배경에서 온 학생들을 모두 수용하는 것이었습니다. 기존의 학교 시스템은 마치 달걀 농장에서 우수한 것과 그렇지 않은 것을 분류하는 기계와 같습니다. 하지만 우리 학교의 주된 철학은 모든 학생들을 받아들이는 것이었기 때문에 하우프트슐레, 레알슐레, 김나지움에 추천된 학생들이 몇 명이 있는지 봐서 우리 학교로 데려 왔습니다. 우리는 특정 학생들을 대상으로 하는 "특수한" 학교가 아니라, "이질주의" 학교를 만들려고 했습니다. 이게 괴팅겐 통합학교의 아이디어였어요. 그렇지만 설립 초반에는 주요 교과들을 학생들에게 가르칠 때 수준에 따라 나누어야 한다고 생각했습니다. 그러니까 독일어, 영어, 수학, 과학, 이런 과목에서는 "그 학생은 잘하니깐 A 레벨로 가야해. 아, 그 학생은 별로 잘하지 못하니깐 C 레벨로 가야 해."라고 말한 거죠. 그런데 저희 학교 학부모님들은 이것도 구제도와 같다고 말했어요. 다른 학교가 아니라 한 학교에 여러 레벨이 있는 거라는 거죠. 그렇기 때문에 같다는 거예요. 그래서 저희는 학생들을 나누지 않았습니다. 학생들은 5학년부터 10학년까지 한 교실에서 책상그룹을 이루어 함께 학습합니다. 이 그룹은 남학생 3명, 여학생 3명으로 구성되어 있어요. 만약 이 학생들이 기존의 학교제도에서 공부했다면, 한 학생은 하우프트슐레에 있었을 것이고, 한 학생은 레알슐레에 있었을 것입니다. 그리고 나머지 네 학생은 김나지움에 있었을 거예요. 그러니 책상그룹에는 거의 독일 학교제도 전체가 들어가 있는 것이죠. 분리되지 않고 같은 책상에 앉아서 말입니다. 서로가 서로로부터 배웁니다. 학생들은 다른 과목에서 다른 능력을 지니고 있습니다. 그러니깐 독일어에서는 이 학생이 잘해서 다른 학생들을 돕고, 영어에서는 또 다른 학생이 뛰어나고, 저 학생은 목재와 같은 것을 다루는 데 능숙하고, 그러니까 결국 서로가 서로로부터 배우는 것이죠. 모두가 능력을 지니고 있고 실수를 하고 어려움이 있다는 것을 배우죠. 그들은 하나의 팀으로서만 성공적일 수 있다는 것을 배워야 합니다. 제 생각에는 인생에서도 마찬가지라고 생각합니다. 팀 없이, 혼자서 일할 수 없죠. 제가 항상 예로 드는 것이 있습니다. 시멘트를 다루는 학생이 책상그룹에서 미래의 건축가와 일하는 것이죠. 20년 뒤에 집을 짓는 일을 할 때, 그들은 협력할 수 있습니다. 서로의 능력을 알고 있기 때문이죠. 이것이 이 학교의 주된 아이디어입니다.

정진헌 굉장히 흥미롭네요. 이 학교가 통합학교인데, 최근 여러 과목과 수준으로 나누려고 시도했다가 학부모들이 이것에 반대했다는 것이죠?

볼프강 예. 학부모들은 저희 제도에 굉장히 만족해합니다. 왜냐하면 다른 학교에서는 큰 압박을 받게 되기 때문이죠. 특정 결과가 있어야 하니까요. 결과가 좋지 않으면 내려가야 하고, 결과가 좋으면 올라갈 수 있죠. 우리 학교에서는 6년의 시간이 있는데, 아이들의 발달이 종종 마지막 2년 동안 이뤄지기도 하죠. 학생들은 4년 동안 아무런 목표나 꿈도 가지고 있지 않다가도, 마지막 2년을 남겨두고 "나는 건축가가 되겠어. 그러니 열심히 공부해야지."라고 말하게 됩니다. 그들에게는 졸업하는 그 순간까지 자신의 능력을 개발할 시간이 주어집니다. 이것은 학부모들에게 큰 위안이 됩니다. 아이들에게 "다음 시험은 더 잘 봐야 해"라고 말하지 않아도 되니까요. 학생들은 다른 학교에서 보다 많은 것들을 배우게 되죠. 왜냐하면 단지 시험을 위해 공부하다 졸업하는 것이 아니라, 스스로를 위해 학습한다는 것을, 학습이 꼭 필요하다는 것을 배우기 때문입니다. 10학년이 되면, "너는 상급 학년으로 올라가서, 아비투어를 볼 수 있어." 혹은 "너는 별로 잘하지 못하니 이 학교를 떠나 기업이나 공장 등에서 배워야 해."라고 말할 수 있죠. 6년이 지나고 나서는 학생들이 분리되지만, 그 6년 안에는 분리되지 않습니다.

정진헌 아비투어에 대해 말씀해주셨는데요, 독일 사회에서는 일반적으로 대학에 입학하는 것이 중요한가요?

볼프강 네, 매우 중요합니다. 다른 방법도 있어요. 특정 분야별 학교에 가면, 그 범위 내에 있는 대학에 갈 수 있게 되죠. 그리고 이 분야의 것만 배울 수 있어요. 그렇지만 아비투어가 있다면 아무데나 갈 수 있고, 아무 과목을 공부할 수 있습니다. 그렇기 때문에 독일 학부모들이나 회사에게 중요하죠. 아비투어가 있다면 좋은 레벨입니다.

정진헌 제가 말씀드린 것처럼 최근 일본도 그랬고, 인도에서도 학생들이 받는 사회적 압력이 큽니다. 더 좋은 대학에 입학하기 위해 더 높은 점수를 받아야 하죠. 미국과 한국과 같은 많은 나라에서는 대학들이 서열화되어 있습니다. 서열이 높은 대학에 입학한다면 거의 미래가 보장되죠. 이것은 중등교육의 질과 양에 영향을 미쳤고, 이제는 초등교육, 유치원 교육에도 영향을 미치고 있습니다. 한국의 강남과 같은 지역에서는 경쟁이 너무 높아 입학하기 위해 대기해야 합니다. 이에 비해 독일 대학들은 덜 서열화되어 있다고 생각하십니까?

볼프강 예, 대학들 간 별 차이가 없는 것 같습니다. 만약 어느 대학을 졸업하여 회사로 들어간다면, 회사에서 사람을 봅니다. 그가 무엇을 할 수 있는지 말입니다. 어디서 공부했는지가 아니라요. 인도에서도 말했지만, 20년 전에 독일에서는, 아비투어를 하게 되면 그 후에는 메르세데스-벤츠도 사게 된다고 여겼습니다. 왜냐하면 커리어를 보장받으니까요. 하지만 이제는 사회가 변해서, 더 이상 그렇게 되기 어렵죠. 어떤 학문을 공부할 때 미래 사회가 당신을 필요로 하고 당신에게 돈을 지불해줄지 알 수 없게 되었으니까요. 하지만 20년 전에는 자동적이었죠. 지금은 아닙니다. 아비투어를 안 하고(대학에 진학하지 않고) 그냥 입사하더라도, 지금은 대학 교수들보다 더 돈을 잘 벌 수 있습니다. 예측할수 없는 것이죠. 만약에 한 수학 교수가 "당신이 수학을 공부하면부자가 될 것이라고 보장합니다." 하고 말한다면 믿었을 것입니다. 왜냐하면 이 학문을 공부한 사람들이 굉장히 적었기 때문이죠. 그렇지만 지금 독일에서는 그렇지 않습니다. 안정적이지 못하죠. 20년 뒤에 어떤 일이 벌어질지 아무도 예측할 수 없습니다.

정진헌 그러면 미래에 대해 조금 더 이야기해 봅시다. 기업가들이나 정치인들과 마찬가지로 교사들도 항상 미래에 대해 생각하는 주된 사람들인 것 같습니다. 그렇죠?

볼프강 정치인들은 미래에 대해 생각하지 않습니다. 저는 연세가 있으신 분들로 구성된 의회가 있었으면 좋겠습니다. 이분들은이미 직업이 있고, 훌륭할 필요가 없죠. 이들에게는 10~20년밖에남지 않았습니다. 그리고 미래에 대해 생각하죠. 고대 로마제국과 같은 것입니다. 젊은 사람들이 아니라 연세 있으신 분들께서하시는 이야기가 매우 중요하죠.

정진헌 예. 저희가 괴팅겐 통합학교의 과거 개념에 대해 이야기했습니다. 더 통합적이고, 글로벌한, 그리고 제가 받은 인상으로는, 더 팀 중심적이고 모든 사람들이 재능을 가졌다고 본다는 점에서 인간에 대해 더 긍정적인 관점을 반영한 듯해요. 재능에 위계질서가 없죠. 모두가 모두를 도울 수 있습니다. 이는 굉장히 평등주의적이고 자유민주적이죠. 교육, 학교, 인간에 대해 굉장히 진보적인 접근인 것 같습니다. 그렇지만 지금 우리가 직면한 세계는 모든 것이 너무 불안정합니다. 모든 것이 너무 빨리 변하죠. 그렇다면 새로운 개념는 무엇입니까? 신자유주의 정치와 새로운 경제에서는 자기 관리, 자급자족, 스스로 훈련된 사람이 될 것을 강조합니다. 다른 사람들보다 더 경쟁력을 갖추기 위해서이죠. 동시에 팀이 굉장히 중요하죠. 그런데 또 팀에서 리더가 되어야 합니다. 조금은 모순되는 점도 있는 것 같네요.

볼프강 예, 저도 그렇다고 생각합니다. 하지만 모두가 의사가 될 수는 없습니다. 노동자도 필요하죠. 학교에서는 15~16세 학생들 중에 아비투어를 볼 수 없을 것 같은 학생들도 있습니다. 그러면 우리는 다른 목적을 찾아주려고 하죠. 그들에게 적합할 다른 회사나 직업을 말입니다. 졸업식 날에 "그래, 그럼 다음에 보자."라고 말하고 학생들이 무슨 일을 할지 생각하지 않는 학교는 없습니다. 모든 학생의 진로를 찾아주려고 하죠. 수영을 굉장히 잘하고 좋아하는 여학생이 있다 가정합시다. 그녀는 수영을 더욱 전문적으로 배우게 됩니다. 그러면 수영은 그녀에게 좋은 직업입니다. 우리는 "너는 아비투어를 보지 않으니까 훌륭하지 못해"라고 말하지 않습니다. "이것은 너의 진로야. 너는 굉장히 뛰어나. 이 길을 걷는 데에 우리가 동반해줄게."라고 말합니다. 그 다음에 우리는 수영장 주인에게 전화해서 수영에 굉장히 적합한 학생이 있다고 말하죠. 모두가 교장이 될 수는 없습니다. 교사들도 필요하죠. 말씀하신 두 가지 철학은 이것인 것 같습니다. 저희는 학생들에게 "너는 네가 잘하는 것들과 좋아하는 것들에서 탁월해야 해. 남들보다 뛰어나야 해."라고 말합니다. 그렇지만 우리는 무엇이 무엇보다 낫다고 말하지는 않죠. 모든 학생들은 자기 자신에게서 보물을 발견합니다. 그렇다면 같은 책상그룹에 있는 동료들보다 설령 돈을 덜 벌게 된다 하더라도 더욱 행복한 삶을 살아가게 될 것입니다. 이와 다른 방향으로 흐르는 사회에서는 그렇게 단순한 문제는 아닙니다. 그렇지만 함께 배우는 저희 제도가 전 사회의 제도가 될 수 있다고 생각합니다. 2011년에 괴팅겐에 있는 대기업 소유자가 저를 찾아왔죠. 그는 유통 회사를 소유하고 있는데, 상품을 운송하는 차가 200~300대 있었죠. 그는 저에게 찾아와 물어보고 싶은 것이 있다고 말했습니다. 그래서 저는 "왜 저에게 오셨습니까?"라고 물어봤죠. 왜냐하면 독일에서는 교장 선생님들이 학교를 관리하는 방법을 배우기 위해 회사에 찾아가지, CEO들이 학교에 찾아와 회사를 경영하는 방법을 물어보지는 않기 때문입니다. 그는 "당신은 상을 탔으니 훌륭할 것입니다."라고 말했죠. 그래서 저는 어떤 문제를 가지고 오셨냐고 물었죠. 그는 "매달 상품을 포장하는 직원들이 패키지 안에 있는 상품을 손상시켜 2만 유로의 손실이 발생하고 있습니다."라고 말했습니다. 그래서 저는 어떻게 하셨냐고 물었죠. 그는 회사의 소유주였고, 회사에는 관리자들(managing line)과 직원들이 있었습니다. 그는 관리자들에게 말을 전달했고, 관리자들은 직원들에게 말을 전달했죠. "일을 더 잘해야 한다"고요. 그러나 아무런 변화가 일어나지 않았습니다. 계속 매달 2만 유로의 손실이 발생했죠. 그래서 저는 직원들이 고객들과 만나 맥주라도 한 잔 하면서 대화를 하게끔 하라고 했죠. 그러면 고객들이 직원들에게 "당신이 저에게 피아노를 배달해줬을 때 부러진 상태로 와서 좋지 않았습니다."라고 말할 것이라고 했습니다. 그리고 이 회의를 두 달 뒤에 또 하라고 했습니다. 그러면 직원들이 일을 더 잘하게 될 것이라고 말했습니다. 그는 제 말대로 했고, 변화가 있었습니다. 이렇듯 서로 존중하고 팀으로 일하는 시스템이 사회에서도 좋은 제도가 될 수 있을 것이라고 생각합니다.

정진헌 당신의 조언을 받아들여 진짜 고객과 직원들이 만나게끔 하였군요. 본질적으로 직원들이 스스로 변화하고자 하는 마음이 생긴 거네요.

볼프강 네, 스스로를 변화시켰죠. 왜냐하면 같은 자리에 앉아 누군가가 직접 "당신은 이렇게 저렇게 해야 합니다"라고 말해줬기 때문입니다. 이것은 굉장히 좋은 이미지이죠. 만약에 다른 문제를 가지고 있거나, 다른 분야에 있다면, 같은 자리에 모여 서로 이야기를 나누어야 합니다. 다른 자리에 앉아 있다면 서로 비난할 것입니다. 그렇지만 한자리에 앉아있다면 그렇지 않죠.

정진헌 그렇다면, 제가 받은 인상으로는, 위에서 아래로 명령을 전달하는 것이 아니라, 고객들과의 면대면 대화를 통해, 스스로 '자기 책임감'(self-commitment)을 얻게 된 것이네요.

볼프강 예, 직원들은 "우리는 중요하다. 이 일은 우리의 일이다."라고 생각하게 된 거죠.

정진헌 단순히 보수를 받는 일꾼이 아니라 회사의 대표라는 인상을 받았겠네요.

볼프강 예. 그리고 저는 학생들도 전부 저희 학교의 대표라고 생각합니다. 교복이 같아서가 아니라, 제가 "너는 이래야 해"라고 명령해서가 아니라, 스스로 원해서 말이죠. 그들은 이 학교의 대표이기를 스스로 원하고 느껴야 합니다.

정진헌 예. 사실 말씀하신 책상그룹(Tischgruppe)이 인상적이었습니다. 이렇듯 모든 재능을 알아줘야 한다는 사실을 깨닫고 학생들이 서로 배우고 영향을 미치는 책상그룹과 관련된 비슷한 프로그램이 있나요?

볼프강 만약 그 재능을 찾고자 한다면, 학생들에게 재능을 발견할 가능성을 열어줘야 합니다. 학교에 수학, 과학, 독일어 같은 과목만 있다면 수많은 학생들이 자신의 재능을 발견하지 못할 것입니다. 그래서 저희는 영화, 서커스, 도서관과 같은 과목도 있죠. 학생들은 목재, 돌, 철을 가지고 작업을 하기도 합니다. 무용, 노래, 여러 스포츠 등 많은 과목들이 있죠. 저는 항상 만약 단 한 명의 학생이라도 자신의 재능을 찾지 못한다면 제 실수라고 말하죠. 저는 그가 "아, 이것은 내 일이다. 나는 이 일을 잘한다"라고 말할 수 있는 무언가를 주어야 합니다. 그래서 저희에게는 정말 다양한 재능들이 있습니다. 제 생각에는 모두가 무언가를 찾을 수 있다고 생각합니다. 세 번째로, 만약 우리가 학생들에게 책상그룹과 팀으로 일하기를 기대한다면, 그리고 그들이 스스로의 진로에 대해 책임감을 갖기를 원한다면, 어른들도 마찬가지로 해야 합니다. 우리조차 하지 않는 일을 아이들에게 바란다는 것은 불가능하죠. 저희 학교에는 약 200명의 교사, 사회복지사, 행정직 등의 성인이 있죠.

정진헌 전부 상근 근로자입니까?

볼프강 예. 교사들을 포함한 직원들이 약 200명입니다. 이 학교의 어른들은 전부 팀에 소속되어 있습니다. 그 팀 안에서 그들은 학생들과 마찬가지로 자신의 업무에 대한 책임이 있죠. 이 업무를 수행한 보상으로 돈을 버는 것입니다. 그리고 그들은 결정을 할 수 있죠. 팀에게 결정권이 없다면 의미가 없습니다. 팀은 책임하에 결정을 해야 하죠. 어른들도 이렇게 하고 있으니, 학생들도 이렇게 해야 하는 것입니다. 학생들이 학년 교무실으로 가면, 항상 교사들이 책상그룹으로 앉아 있는 것을 볼 수 있습니다. 한 반을 담당하고 있는 2~3명의 교사들도 함께 책상그룹으로 앉아 있죠. 시간이 있을 때 학생들이나 과목 등에 대해 의논할 수 있죠. 우리도 관리자로서 관리팀이 있습니다. 행정 직원들도 팀이 있죠. 모두 각 주제를 위해 일합니다. 그리고 원할 때 출퇴근을 할 수 있죠. 그렇지만 항상 한 명은 남아 있어야 합니다. 그 한 명이 필요한 업무를 다 수행해야 하죠. 하지만 "오늘 저는 이것이 하고 싶습니다. 제 일을 해주실 수 있나요?"라고 말할 수 있습니다. 그들은 시간을 스스로 관리할 수 있습니다. 그렇기 때문에 매우 큰 동기부여가 되죠. 교사들, 비서들이나, 하우스키퍼들 모두가 마찬가지로 동기부여가 되어 있습니다. 자신의 직업에 영향력을 갖고 있고 재량을 발휘할 수 있기 때문이죠. 이것은 저에게 매우 중요합니다. 학생들에게만 바라는 것이 아니라 우리 자신이 그것을 실천해야 하는 거죠.

정진헌 그러니까 어떻게 보면 교사, 비서, 관리인을 모두 포함한 200명의 직원들이 최소한 한 팀에는 속해야 하는 거군요. 몇 주 전에 제 아들의 책상그룹 이벤트를 방문했었는데, 6명의 아이들, 아이들 부모님들과 교사 두 분이 계셨어요. 다음에 제가 아내한테 "그분들은 최소한 4~5개의 책상그룹 이벤트에 가야 하겠군" 하고 말했던 기억이 있습니다. 그러니깐 담임교사 두 분이 이런 책상그룹 이벤트에 참여해야 하는 것이지요?

볼프강 네.

정진헌 어떻게 보면 추가 업무량이 너무 많아지지 않나요? 추가 수당이 따로 없나요?

볼프강 학부모들, 학생들, 교사 모두가 한 가지 업무와 목표를 가지고 있기 때문에 한 테이블에 모여 앉기를 원해요. 바로 학생들이 사회에 나가서 훌륭하기를 바라는 것, 아프지 않고 잘 자라고 좋은 것을 먹는 것, 지나치게 비만이 되지 않도록 하는 것, 좋은 것을 배우는 것이 그들의 공동 목표이죠. 만약 문제가 발생한다면 교사들, 학부모들, 학생들이 함께 그것을 해결해야 합니다. 교사들의 경우 1년에 20번 저녁 모임에 참석합니다.

정진헌 학기 중 학생들이 회의를 할 때마다 담임 선생님 이외에 다른 직원들도 모이나요?

볼프강 예.

정진헌 흥미롭네요. 모든 직원들이 이 활동에 동의하고 참여해야 하는데, 직원들의 반응을 어떻게 평가하시나요? 직원들은 이러한 팀 미팅에 참여하는 것을 즐거워하나요?

볼프강 예를 들어, 한 반에 책상그룹이 5개가 있고 한 교실에 교사가 두 명 있습니다. 이 두 교사는 다른 다섯 개 반의 교사들과 또 팀을 이루죠. 이렇게 해서 6개 학년의 교사들이 학년별로 팀을 구성합니다. 그린 레벨, 레드 레벨[1] 등등에서요. 그들은 여섯 개 학년에 대해 책임을 갖고 있고 시간을 관리합니다. 각 레벨(학년)에서 중요한 것들을 결정하죠. 그 다음에 비서들도 팀입니다. 하우스매니저 두 명도 팀이죠. 청소부들도 팀입니다. 교실 하나가 깨끗하지 않은 것을 보면 그 교실에 가서 내일 더 청소를 잘해야 한다고 말해요. 이것이 팀워크인데, 팀들 사이에서도 커뮤니케이션이 이루어지는 것이 중요합니다. 이것은 복잡하지만, 각자 업무를 하는 다른 팀들로 구성된 학교가 아니라 한 학교라는 점에서 중요합니다.

정진현 이러한 커뮤니케이션을 그들이 어떻게 관리합니까?

볼프강 학년마다 대표 교사가 한 명씩 있습니다. 여섯 개 학년의 대표 교사 여섯 명이 팀을 구성합니다. 그들은 일주일에 한 번씩 저기 있는 방에 모입니다. 각자 팀에서 중요한 것들을 전부 의논하죠. 우리도 일주일에 한 번씩 모이고, 의논이 끝나면 우리 팀에서 한두 명이 이 미팅에 참여합니다. 그러니깐 이 교실에서 있는 일들이 이 그룹에서도 의논되고, 그 다음에 저 그룹에서도 의논됩니다. 그리고 우리는 그것에 대해 함께 의논하죠. 이러한 커뮤니케이션 과정은 때때로 3주가 걸리는데, 마치 1년처럼 오랜 시간

---

1. 각각의 색깔은 몇 학년인지를 의미한다.

으로 느껴집니다. 또 때로는 굉장히 빠르게 진행되는 경우도 있습니다. 한 예로 이런 일이 있었습니다. 한 학생이 또 다른 학생을 스마트폰으로 촬영하고 유튜브 같은 곳에 올린 적이 있었죠. 그래서 우리는 스마트폰이 학교에서 금지되어야 한다고 결정했습니다. 이 결정이 11시에 내려졌고, 11시 30쯤에 팀 리더들에게 모든 스마트폰들을 걷어야 한다고 말했죠. 13시쯤에 모든 스마트폰을 거두어 잠가놨습니다. 그러니까 커뮤니케이션 과정은 굉장히 오랜 시간이 걸릴 수도 있고, 굉장히 빨라 단기간에 이루어질 수도 있죠. 학교에서 이러한 커뮤니케이션 과정을 관리하는 것이 굉장히 중요하다고 생각합니다.

정진헌 이것을 팀이라고 말씀하셨는데 기업 내의 부서로 볼 수도 있을 것 같습니다. 단순히 부서(department)라 불리는 구역(sector)과 이렇게 교사나 하우스마스터로 구성된 부서의 차이점이 무엇인가요?

볼프강 제 생각에는 대부분의 부서, 공장, 기관에서는 위계질서가 있다는 점에서 차이가 있는 것 같습니다. 저희는 네트워크에 가깝고 같은 목표를 갖고 있죠. 저희의 업무는 학생 한 명입니다. 각 부서에서 내린 결정이 이 한 학생에게 유익해야 하죠. 이것이 차이입니다.

정진헌 그러니까 커뮤니케이션, 협력, 상호작용, 평등한 방식, 긴

결정 과정…… 어떻게 보면 위계질서가 없고, 오히려 모두 함께 의논하고 결정을 내린다는 점에서 더 민주적이네요.

볼프강 예, 참여적이죠. 이 시스템에서 저는 이러한 점들이 좋다는 것을 배웠습니다. 만약 제가 집에 있다가 굉장히 좋다고 생각되는 아이디어가 생깁니다. 그 다음 날 학교가 제 아이디어대로 해야 한다고 생각하죠. 저는 팀에 와서 "어제 굉장히 좋은 아이디어가 생각났습니다"라고 말합니다. 그리고 그들은 "나쁘지 않네요. 그런데 이런저런 것들에 대해 생각해 보셨나요? 이 부분은 어려울 수도 있겠네요."라고 말합니다. 의논 뒤에 우리는 처음의 아이디어보다 더욱 훌륭한 아이디어를 갖게 됩니다. 그러니까 우리는 팀워크가 모두가 혼자 일할 때보다 훨씬 질이 높다는 것을 깨닫죠. 두 번째 배우게 된 점은, 이 과정에 대해 저 혼자만 책임감을 갖는 것이 아니라는 것입니다. 만약에 이 팀이 "우리는 시간표가 별로 좋지 않습니다. 매일 학교에 일찍 출근해야 하고 하루에 수업이 너무 많아요." 등등을 말한다면 저는 "그것은 제 잘못이 아닙니다. 당신들이 당신 시간표를 짰습니다. 더 잘 짜셨을 수도 있잖아요."라고 말할 수 있죠. 그러면 그들은 "다음에는 더 잘 짜겠습니다"라고 말하죠. 세 번째 좋은 점은 이것입니다. 오스트리아에 저희 학교와 같은 곳이 서너 군데 있어 종종 가죠. 오스트리아 사람들이 이곳에 와서 저희 시스템을 보고 "우리도 오스트리아에 가서 이 시스템을 적용하겠습니다."라고 말했어요. 제가 오스트리아에 가면 학교에 제가 있을 수 없죠. 그런데 제가 학교에 없다는 것이 아무런 문제가 되지 않습니다. 몇몇 독일 학교 교장 선생님들은 그들의 통제와 결정 없이 학교가 돌아갈 수 없다고 생각합니다. 스스로 결정하는 법을 배우지 못했기 때문이죠. 제 결정을 매일 기다릴 것이 아니라 스스로 결정해야 합니다.

정진헌 그렇군요. 어떤 측면에서 봤을 때 이것은 일종의 그룹 미팅, 의사결정을 내리는 테이블이네요. 당신을 통해서만 어떤 결정이 내려지는 것이 아니라 이 회의를 통해 결정되어야만 하는군요. 당신이 아이디어가 있더라도 그 아이디어는 의논되어야 하는 것이지요?

볼프강 예. 그리고 우리에게 아이디어가 생긴다면, "아, 이것이 가능하겠다."라고 말합니다. 그리고 그 아이디어를 이 그룹에, 그리고 저 그룹의 리더들에게 줍니다. 그리고 그들은 그 아이디어를 각자 그룹으로 가져가서 의논하죠. 다시 이 그룹으로 돌아오고, 저한테 돌아오죠.

정진헌 그러니까 이 스마트폰 사건 같은 경우에는 최종 결정이 2시간, 굉장히 단기간에 이루어졌네요. 그런데 때로는 어떤 결정을 내리는 데 오랜 시간이 걸리네요. 이것이 차이점인 것 같습니다. 사회가 굉장히 급격히, 많이 변하고 있기 때문에요. 그리고 종종 효율성 중심의 업무 철학에서는 결정이 매우 빨리 이루어져야 하죠. 그래서 위계질서가······

볼프강 네, 때때로 필요하죠. 하지만 다른 시기에는 그렇지 않습니다. 또 다른 예를 들어볼게요. 스마트폰 사례에서는 커뮤니케이션 과정이 굉장히 빨리 이루어졌습니다. 그런데 또 다른 예에서는 다릅니다. 15년 전부터 학교에 컴퓨터를 두었습니다. 그 다음에 컴퓨터실을 만들었죠. 학교에 약 600대의 컴퓨터가 있었는데 이것을 관리하는 사람이 없었습니다. 그래서 몇몇 컴퓨터는 고장이 났거나 작동이 안되거나 했죠. 만족스럽지 못했습니다. 그래서 저희는 노트북을 써봤어요. 그런데 노트북의 배터리는 오래가지 않는 데다 노트북 자체가 너무 무거웠어요. 그리고 학생 6명이 노트북으로 작업을 하고 있으면 그들은 서로 얼굴을 볼 수 없는 문제가 있었죠. 그 다음에 우리는 맥북을 써봤습니다. 그런데 이것도 좋은 해결 방안이 아니었죠. 그 다음에 한 2년 전쯤이었을 것입니다. 태블릿PC를 써봤죠. 이것이 해결 방안이라 생각했어요.

볼프강 저는 태블릿PC의 팬이에요. 이거 없이 잘 수 없죠. 그래서 저는 "학교에서 태블릿PC를 써야 한다."라고 말했습니다. 그렇다고 제가 "내일부터 저희는 학교에서 태블릿을 쓸 것입니다."라고 할 수는 없죠. 가능하지 않습니다. 그래서 저는 관심 있는 교사들과 팀으로 회의를 했습니다. 그 다음에 한 레벨, 레드 레벨에서 교사가 "저희는 태블릿을 사용하는 것에 대해 관심이 있습니다."라고 말했어요.

볼프강 그 다음에 그들은 진문가에게 태블릿을 사용해시 직업하는 방법을 훈련 받았습니다. 1년이 지나고 그들은 "저희가 이것을 하겠습니다."라고 결정했죠. 그 다음에 저희는 학부모님들께 여쭤봐야 했습니다. 그들이 태블릿을 구매해주셔야 하니까요. 학교에서는 모든 학생에게 태블릿을 사줄 수 없죠. 학부모님들과 커뮤니케이션 하는 과정은 약 6개월 정도 걸렸습니다. 전자파 등이 학생들의 뇌에 위험할 수 있다는 문제와 태블릿을 사용하여 어떻게 작업할 것이냐 등 학부모님들이 우려하는 문제들이 있었기 때문에요. 그 다음에 학부모님들도 동의하셨습니다. 9월, 레드 레벨에서부터 태블릿을 도입했습니다. 180개의 태블릿을 구매했죠. 태블릿 구매에 부담을 느끼시는 학부모님들을 위해 학교에서 태블릿 몇 개를 구매하고 월 5유로를 받고 대여해드렸습니다. 그 다음에 저희는 "태블릿을 사용하여 작업할 것이면 이에 대한 인프라가 잘 갖춰져야 한다"라고 말했습니다. 태블릿을 사용하는 동안 모든 것이 잘 돌아가야 하죠. 100명의 학생들이 유튜브를 보고 있을 수도 있습니다. 무선 인터넷(wireless lan)이 굉장히 좋아야 하죠. 현재 저희는 홀륭한 무선 인터넷을 갖추고 있습니다. 그리고 각 책상그룹이 업무를 다 하면, 어떤 일을 했는지 발표해야 합니다. 태블릿으로 마인드맵 등을 완성했으면 그것을 발표해야 하는 것이죠. 그래서 각 교실에 평면스크린(Flatscreen)이 있습니다. 총 65개이죠. 그리고 모든 학생들은 아이패드로 무슨 작업을 했는지 평면스크린으로 학급 아이들에게 보여줘야 하죠.

정진헌 굉장히 하이테크하군요.

볼프강 굉장히 하이테크하죠. 그래서 저희는 애를 먹었습니다. 각 태블릿에게 어플리케이션이 주어지죠. 그리고 그 어플이 더 이상 필요 없어지면 다시 저희가 거두어가죠. 그러니까 저희는 어플 저작권의 주인입니다. 애플도 애를 먹었죠. 기술적 문제들 때문에 저희 학교에 2달 정도 일했습니다. 이런 방식으로 수업하는 학교가 독일에 없기 때문이죠. 그래서 저는 이것이 굉장히 오랜 시간이 걸리는 진보, 과정이라고 생각합니다. 만약에 제가 "내일부터 저희는 학교에서 태블릿을 사용할 것입니다"라고 말했다면 기술적 인프라가 잘 작동하지 않았겠죠. 그래서 이러한 과정은 오랜 시간이 걸릴 수밖에 없습니다. 그렇지만 결과는 굉장히 훌륭했다고 생각합니다.

정진헌 그러면 현재 학생들은 그 태블릿을 사용하고 있나요? 어떤 학급에서 몇 명의 학생들이 그것을 활용하고 있나요?

볼프강 예, 8학년부터 사용합니다. 잠시 후에 보여드릴게요. 또한 교육학적인 문제들도 있습니다. 저는 "내일부터 이렇게 해야 합니다"라고 말하고 아무도 그렇게 하지 않는 것을 원하지 않아요. 교장 선생님들은 이렇게 할 권력이 있다고 생각하지만 교사들은 그것을 피할 방법을 찾게 되죠. 기업에서도 마찬가지라고 생각합니다. 교장 선생님이 어리석은 말을 하면 교사들은 그 일을 하지 않습니다. 그래서 저는 모든 사람들, 모든 교사기 좋은 아이디어라고 설득되고 제가 없더라도 그것을 하기를 원합니다.

정진헌 지난 40년 동안(전형적인 독일 교육과 다른) 새로운 개념인 팀 중심의 활동을 증진시켰고, 팀 중심의 업무에서 개인 중심의 업무로 간 것이 아니라, 팀 중심이면서 동시에 개인 재능 중심인 프로그램과 활동들이 강조되었군요. 그러면 미래의 새로운 교육철학을 어떻게 요약하실 수 있나요?

볼프강 저는 '개별화'(individualization)가 더 중시될 필요가 있다고 생각합니다. 한 학생이 로마 역사에 대해 굉장히 잘 안다면 그것에 대한 발표를 준비합니다. 그리고 다른 학생들보다 이를 더 잘 할 수 있죠. '표준화'(normalization)가 아닙니다. 이 수준을 달성하면 다음 단계로 넘어가는 것이 목표가 아닙니다. 모두가 발전을 해야 합니다. 수업 시간에 잠자는 학생이 없어야 하고, 그 누구도 "난 이거 할 줄 몰라"라고 말해서는 안 됩니다. 어떤 측면에서는 저희 학교가 개별화가 잘되어 있다고 생각합니다. 학생들이 수학이나 화학 등에 뛰어나다면 그 즉시 학생들의 필요를 충족시켜줍니다. "더 이상 우리가 너에게 가르쳐줄 것이 없으니 대신 대학에 가서 배우거라." 말하고 그 학생이 두 시간 동안 대학에서 배우도록 하죠. 저희는 학교에서만 배워야 할 필요는 없다는 교육철학을 가지고 있습니다. 학교에서보다 사회나 다른 곳에서 더 많이 배울 수도 있기 때문이죠. 그렇지만 저희 학교에도 문제가 있기는 합니다. 한 교실에 30명의 학생은 너무 많고 24명 정도가 좋을 것 같습니다. 학생들은 가족이나 사회나 다른 곳에서 비롯된 문제들을 갖고 있죠. 그리고 그 문제들은 30명이나 있는 교실에서 하나하나 다루어질 수 없습니다. 그래서 호주에서는 한 교실에 학생이 24명이고 학급당 교사가 두 명입니다. 같은 조끼리 공부하고 있을 때, 교사가 두 명이면 돌아다니면서 각 조를 관찰하는 일이 훨씬 수월해지기 때문이죠. 앞으로 저희 학교도 이러한 방향으로 변했으면 합니다.

정진헌 그러려면 재정이 필요하겠네요.

볼프강 예, 그리고 개선된 정책이 필요하죠.

정진헌 이 학교는 공립학교이니, 학교운영에 필요한 모든 예산은 지방정부나 중앙정부로부터 나오겠네요?

볼프강 예. 집, 건물, 식비, 전기 요금 모든 것이 괴팅겐 시에서 예산으로 나옵니다. 그리고 교사들 월급은 니더작센 주에서 지급됩니다.

정진헌 그러면 재정이 들어가는 대안적 프로그램을 더 진행하려면 특별 지원금을 더 요청해야 하나요?

볼프강 아니요, 그것은 가능하지 않을 것 같습니다. 개선된 정책을 바랄 수밖에 없을 것 같아요. 항상 아이들이 우리의 미래라고 말하면서 더 좋은 교육을 받아야 한다고 말하죠. 맞는 말입니다. 그렇지만 이를 위해서는 예산을 지원해줘야 합니다.

정진헌 아이들이 우리의 미래라고 말씀하셨는데, 그렇다면 우리의 미래를 어떻게 전망하십니까? 저희는 어떤 미래를 만들고, 어떤 학생과 아이들을 양성해야 하나요?

볼프강 저의 부모님 세대는 히틀러 통치하에 있었고, 제 아버지의 경우 북아프리카 전투에 참여하셨죠. 이 시스템하에서 부모님 세대가 무엇을 했는지, 사회에서 무슨 역할을 했는지 모릅니다. 제 부모님 세대는 이 역사의 일부에 대해 책임을 갖고 있었죠. 환경 문제, 지구 온난화, 마약 등의 문제는 저희의 책임입니다. 그런데 이에 대해 우리가 책임을 지고 더 나은 미래를 만들어가는 일을 잘해나가고 있다고 보지 않습니다. 학생들은 저희 세대보다 더 책임감이 있었으면 좋겠습니다. 이것이 책상그룹을 운영하는 근본 이유이기도 합니다. 삶의 작은 부분에 대해서 책임을 지는 것이지요. 먼저 작은 부분에 대해 책임을 지는 것을 배우고, 그 후에 전체 사회에 대해 책임을 져야 하죠.

볼프강 그러니까 존중, 삶에 대한 존중입니다. 저희 학교에는 신체, 정신 장애를 갖고 있는 학생들이 있습니다. 학생들은 다른 사람들을 소외시키거나 차별하지 말아야 한다는 것을 배워야 합니다. 인간은 서로 싸우고 경쟁하는 것이 아니라 모두가 함께 협력할 때만 성공할 수 있습니다. 또한, 학교 교과목을 바꿀 필요가 있습니다. 배워야 할 양이 너무 많은 두꺼운 교과서들이 있어요. 제목표는 학생들의 관심사를 먼저 물어보고, 사회를 위해 필요한 것이 무엇인지 먼저 파악하고 싶습니다. 만약 어린 아이들의 관심사가 우정, 동물 등이고, 어른들의 관심사가 세상을 위한 전기 등이라면 이 문제를 해결하기 위한 교과목을 찾아봐야 하죠. 마지막으로 학생들이 이 학교를 떠날 때 한 명씩 세상을 위한 과제를 안고 갔으면 좋겠습니다. "이 세상을 위해 무언가를 하는 일은 굉장히 중요해"라고 말하면서요. 그런데 사회에서는 이것을 실현하는 것이 쉽지는 않습니다.

정진헌 제가 이해한 바에 따르면, 자본주의 시장에서 더욱 경쟁력을 갖출 수 있도록 학생들을 양성하는 것이 아니라, 오히려 사회적 책임(social commitment)을 강조하신 것 같습니다. 학생들이 세상과 사회에 대해 더 책임감을 느낄 수 있도록 하는 것 같습니다. 그리고 동시에 학생들은 사람을 존중하는 방법을 배워야 합니다. 맞습니까?

볼프강 그렇습니다.

정진헌 말씀하신 것처럼 사실 굉장히 이상적이네요. 이 세계는 상당히 불안정해서 어른들, 부모님들은 아이들이 생존할 수 있을 만큼 강하게 키워야 한다고 종종 생각하죠. 이것은 이러한 주류의 방향과는 조금 반대인 것 같습니다. 저도 그렇고 많은 사람들이 이 아이디어와 철학에 동의할 것 같습니다. 그렇지만 동시에 이것은 현실, 현실 세계에 의해 도전받을 수 있을 것 같네요.

볼프강 예, 현실을 분석한다면, 모든 사람들이 지금 (우리가 경험하는) 이런 종류의 자본주의나 성장 중심의 경제에 있어서 오로지 하나의 세상만 있는 것으로 알고 있지요. 만약에 중국, 혹은 인도, 아프리카의 개발도상국들이 (서구와) 똑같은 수준으로 발전하게 된다면, 당신의 나라나 저의 나라나 모두 살 공간도 부족해지고, 세상을 먹여살릴 식량이나 에너지가 충분하지 않게 될 것입니다. 그 대가는 우리 아이들이 치르게 됩니다. 그리고 아이들은 환경에 대한, 혹은 자본에 대한 우리의 빚을 갚지 못할 것입니다. 지금 저희가 하고 있는 것이 정말 작은 움직임이라는 것을 압니다. 다변하고 복잡한 사회에서 우리 학생들은 정말 잘해 나가야 합니다. 학교에서 단지 춤추고 노래만 하는 식의 교육은 우리의 철학이 아닙니다. 학생들은 그들의 역량을 강하게 키워야 합니다.

정진헌 2011년에 이 학교가 독일 최고의 학교 상을 받았다고 하셨습니다. 그렇다면 이 철학이 독일의 다른 학교에서도 더 널리 인식되고 실현되어야 한다고 생각하십니까?

볼프강 예. 학교상은 2008년부터 매년 시상되었죠. 저희 학교와 마찬가지로 상을 받은 학교들끼리 매년 모이고 있습니다. 이 책자에 학교들 목록이 나와 있습니다. 저희는 개념을 공유하고, 서로 배웁니다. 저는 이러한 철학이 주류가 될 것이라고 생각합니다. 예를 들어 괴팅겐에서는 올해까지 하우프트슐레, 레알슐레, 김나지움, 그룬트슐레가 있었지만, 내년부터는 하우프트슐레와 레알슐레가 없어지고 괴팅겐 통합학교와 김나지움만 있을 것입니다. 그리고 제 생각에는 1~3년 뒤에는 김나지움 중 한두 군데가 없어질 것입니다. 왜냐하면 학부모들이 괴팅겐 통합학교 시스템이 가장 좋은 시스템이라고 생각하기 때문이죠. 매년 350명의 학부모들이 아이들을 이 학교에 보내고 싶어 합니다. 그런데 저희는 170명만 받을 수 있죠. 학부모들이 이 시스템을 원하는 이유는 이 시스템이 좋기 때문입니다.

정진헌 그러면 10학년 이후 아비투어를 원하는 학생들은 더 좋은 성적을 받기 위해 공부를 열심히 해야겠네요.

볼프강 예, 그들은 그렇게 할 수 있습니다.

정진헌 과목에 따라 다르겠지만, 2년 안에 이 시험에 능숙해져야 하네요. 준비할 시간이 충분하다고 생각하십니까?

볼프강 그들은 5학년부터 배웁니다. 그들은 학습하는 방법을 학습합니다. 그들은 함께 배우는 방법을 배우죠. 제 두 딸도 이 학교에 다녔습니다. 한 아이는 니더작센 주에서 가장 좋은 성적을 거두었죠. 그녀는 배우는 방법을 배운 것입니다. 그녀는 팀으로 배웠습니다. 대학에 들어가고 아마 3주 뒤에 시험을 위해 학습 팀을 구성했죠. 우리는 "중앙" 아비투어가 있어서 모든 학교가 같은 과목을 씁니다. 저는 이 제도가 별로 마음에 들지 않아요. 좋은 제도라고 생각하는 것은 어리석다고 생각합니다. 어쨌든 아비투어에서 저희 학교의 결과는 니더작센 주 상위 2퍼센트이었습니다. 그러니까 결과에 따른다면 저희 학교가 다른 학교보다 우수하다는 거죠.

정진헌 굉장히 높은 수준이군요. 자, 더 많은 질문과 대화를 나누고 싶지만, 시간이 많이 흘렀기에 오늘은 여기까지만 하고 학교 곳곳을 함께 둘러보면 좋겠습니다. 기타 궁금한 사항들은 이메일이나 다음 번 만남을 통해 나누기로 하겠습니다. 긴 시간 좋은 말씀 정말 감사드립니다.

볼프강 네, 그럼 이제 저와 함께 학교를 둘러보시죠.

미국 센트럴파크이스트 중등학교[1]
─ 제4의 길을 보여주는 작은 학교 ─

정　훈

1. 왜 센트럴파크이스트 중등학교인가?

오늘날 우리 학교교육이 처한 문제는 크게 두 가지 측면에서 생각해볼 수 있다(정훈 2014b: 93-94).

하나는, 우리 교육의 지속적 문제로 거론되는 입시 위주 교육의 문제이다. 우리 역시 '입시 경쟁 → 주입식 교육 → 점수에 따른 획일적 평가 → 서열화와 입시 스트레스 → 교육 문제 발생'이라는 동아시아 대부분의 나라가 겪는 입시 위주 주입식 교육의 문제(苅谷剛彦, 2002: 109)에서 자유롭지 않다. 그간의 정부들이 입시 정책을 주요 교육개혁의 의제로 삼아왔던 것도 이러한 이유에

---

1. 센트럴파크이스트 중등학교(Central Park East Secondary School)는 미국 뉴욕 시 맨해튼 이스트할렘에 위치해있다. 설립 당시 뉴욕 시에서 교육적으로 가장 열악한 곳으로 평가되는 곳이었다.

서 일 것이다. 그렇다면 입시 경쟁이 사라진다면, 주입식 교육이나 점수에 따른 획일적 평가 등 우리 학교교육의 고질적 문제들도 온전히 사라질까? 제도 개혁과 별개로 어떤 학교교육이어야 하는가에 대한 고민은 어찌됐든 계속 필요해 보인다.

다른 하나는, 우리가 속한 동아시아형 교육 근대화의 특징인 압축된 근대화, 경쟁 교육, 산업화와의 친화성, 강력한 국가주의와 더불어 중앙집권적인 관료주의적 통제, 교육 공공성의 미숙(佐藤學, 2000: 36-46)이 낳은 폐단을 우리 역시 답습하고 있다는 점이다. 특히 관료주의적 통제는 관리자와 일부 소수의 구성원들이 학교운영의 대부분을 결정하고 일방적인 지시와 전달을 행하며 학교 구성원들의 자발적인 참여를 이끌어내지 못하고 소통하지 못하는 구조를 만들어왔다(박종철, 2013: 92). 이에 관료주의적 통제에서 벗어나 학교의 민주적 운영과 교사의 자율적 능력이 발휘되는 학교에 대한 고민도 필요해 보인다.

여기에 더해 하그리브스와 셜리(Hargreaves & Shirley, 2009: 248)의 표현을 빌리면, 우리는 현재 전 지구적 상호 연관성이 경제적, 정치적, 문화적으로 더욱 증대하는 세계에 살고 있다. 두 사람은 현재의 통제되지 않은 시장이 우리를 탐욕과 변덕의 노예로 전락시키고 있으며, 일제고사로 대표되는 표준화 작업이 다양성을 이해하고 그에 대처할 수 있는 우리의 능력을 약화시키고 있음을 지적한다. 그러면서 21세기를 사는 우리에게 혁신성과 창조성의 필요성이 점점 더 증가하고, 국내외 이웃과의 상호작용과 상호의존이 더욱 필요해지고 있음을 역설한다. 이 점에서 그들은 우리의 세계관을 수정하고 세계 속의 우리 자신을 재발견하기 위해서 지금까지 우리가 걸어온 학교교육의 길과 결별하는 '학교교육 제4의 길'을 시대적 요청으로 제시한다. 이는 미래의 학교교육이 어떠해야 하는가에 대한 전망을 또한 우리에게 요청한다.

그러나 "학교교육의 기본틀은 일단 한번 확립되면 오랫동안 지속된다(Tyack & Cuban, 1995: 151)"는 말처럼, 일부 대안학교나 혁신학교들의 의미 있는 시도들을 제외하곤 우리 대부분의 학교교육은 여전히 낡은 '기본틀'에서 벗어나지 못하고 있는 실정이다. 예컨대 우리 학교들 역시 시간과 장소를 나누고 학생들을 분류해서 교실에 배치하고 '과목'에 대한 파편적인 지식을 전수하며 배웠다는 점을 근거로 학점과 학년을 주는 방식에서 거의 벗어나지 못하고 있다(Tyack & Cuban, 1995: 149). 타이악과 큐반의 지적처럼(Tyack & Cuban, 1995: 185), 이러한 학교교육의 기본틀이 그간 학교가 돌아가는 방식 그 자체였고, 시간이 지나면서 그러한 제도에서 교육을 받은 우리가 그런 기본틀이 '진짜 학교'의 필수 요소를 포함하고 있다고 생각하게 되어서 그런 것인지도 모른다.

그렇다 해도 학교교육의 기본틀을 개혁하려는 시도는 꾸준히 진행되어 왔다. 최근의 혁신학교 운동 등 유의미한 시도들이 있긴 하지만 주류적 입장의 개혁은 여전히 교육의 시장화(marketization of education)에 기초해 있다. 그러나 그러한 정책은 교육내용의 표준화, 표준화된 시험의 잦은 시행, 시험 결과에 기초해 학교와 교사를 비교하고 책무성을 묻는 시스템을 구축하는 것으로 학교를 성취 결과 중심 모델로 고착시킨다는 비판을 받는다. 그것은 기존의 입시 위주 교육에 더해져 시험 위주 교육, 점수에 따른 획일적 평가, 시험 스트레스 문제를 더 심화시킬 듯싶다(정훈, 2014b: 94). 또한, 시장화는 공립학교의 관료주의적 기본틀을 개선하기보다는 일종의 '평가적 국가'(evaluative state)를 통해 표준화된 시험 결과에 기초한 성과 지수와 그것을 토대로 한 감사(監査)와 책무성의 문화를 조성함으로써 여전히 관료주의적 통제를 통해 학교와 교사의 자율성을 위축시키는 문제를 안고 있다(정훈, 2008: 157; 정훈, 2014b: 94). 시장화 정책 아래서 이러한 "표준화와 관료화라는 쌍두마차는 불신의 불길에 기름을 부어 교육을 치유하려는 흐름을 막을 수 있다(Meier, 2002: 16)." 그리고 공립학교를 개인 소비자, 국가 경제정책이라는 좁은 의미의 관심만을 추구하는 시장경제 용어로 재정립하고(Giroux, 1999: 165), 민영화(privatization) 원리에 따라 학교의 사립화를 조장함으로써 교육 공공성을 약화시킬 수 있는 것도 문제이다. 이상의 이유로 시장화와는 다른 방향에서 우리 학교교육을 혁신하는 방법을 찾는 작업이 필요하며, 그러한 작업에 영감을 줄 수 있는 다양한 선도적 사례들을 살펴보는 작업은 의미가 있을 듯싶다.

이에 여기에서는 시장 이데올로기와 관료주의적 통제와 다른 차원에서 미국의 공립학교 혁신을 실천하면서 성취도 측면에서도 그 효과성을 인정받았던 뉴욕 시 센트럴파크이스트 중등학교(Central Park East Secondary School)의 혁신 사례를 소개하고자 한다. 아울러 그 학교가 학교 혁신에 줄 수 있는 의미도 함께 제시해보고자 한다. 사실 센트럴파크이스트 중등학교는 1990년대 중반 이후 설립자 마이어가 보스턴 미션힐스쿨(Mission Hill School)의 설립을 위해 그곳을 떠난 이후, 자매 초등학교들과 달리 학교 풍토와 학생 성과가 변화되었다. 이는 한편으로는 고부담 시험(표준화 시험)에 저항했던 마이어의 리더십과 사뭇 다른 새로운 교장의 리더십 때문이며, 다른 한편으로는 특히 뉴욕 주와 낙오방지법(NCLB)이 요구하는 고부담 시험에 대한 대응 때문이었다. 후임 교장 리버먼(Bennett Lieberman)은 표준화 시험의 형태로 치러지는 뉴욕 주 졸업시험(일명 리전트 시험)과 낙오방지법이 요구하는 표준화 시험과 양립할 수 없는 이 학교의 포트폴리오 평가, 주제별 통합 교육과정, 블록 수업 등을 축소하거나 폐지했다. 그 결과 센트럴파크이스트 중등학교는 1980년대와 1990년대의 성공적인 도심지 진보주의 학교에서 많이 멀어지게 되었다. 결국 2004년 뉴욕 시 교육청은 센트럴파크이스트 중등학교를 센트럴파크이스트 중학교와 센트럴파크이스트 고등학교 두 개로 분리해 재조직했다. 이 두 학교는 현재 서로 연관성이 거의 없으며 마이어가 설립한 센트럴파크이스트 중등학교와의 연관성도 거의 없게 되었다(Semel & Sadovnik, 2008: 1758-1760). 이에 여기서 소개하는 센트럴파크이스트 중등학교 사례는 마이어가 학교를 설립하고 실천했으며 미국 전역에서 그 성과를 인정받았던 1985년부터 1990년대 중반에 이르는 마이어 시대의 성공 사례이다. 그럼에도 필자가 마이어 시대의 학교 사례를 여전히 살펴볼 만한 가치가 있다고 생각하는 이유는 다음과 같다.

첫째, 일제고사 같은 표준화 시험이 다시 조건화하는 전통적 교육 방식에 대항하는 학교 혁신이 어떻게 가능할 수 있는지를 그러한 흐름에 맞서면서도 뛰어난 성과를 거뒀던 마이어 시대의 센트럴파크이스트 중등학교 사례가 보여주었기 때문이다.

둘째, 이 학교가 오늘날 많은 혁신학교들이 주목하는 작은 학교 구조, 주제 중심 교육과정, 포트폴리오 같은 수행을 중심으로 한 평가 방식의 혁신, 교사의 자율성 발휘를 위한 학교운영의 민주성, 배려 및 배움 공동체로서의 학교문화라는 요소들을 선취하고 있었기 때문이다. 이러한 시도를 시작했던 최초의 센트럴파크이스트 초등학교는 이후 이 학교를 포함한 4개의 자매학교들로 발전했으며, 마이어가 보스턴으로 건너가 세운 미션힐스쿨 역시 이러한 학교 실천에서 많은 도움을 받았다. 이 학교가 지닌 이러한 학교 혁신 사례로서의 특성은 우리가 지향할 혁신된 학교(교육)의 모습이 어떠해야 하는지를 고민하는 사람들에게 분명 도움을 줄 수 있을 듯싶다.

셋째, 낙오방지법 같은 주류 개혁에 대한 굴복이 진보주의적 학교교육이 지닌 성과를 어떻게 위축시킬 수 있는지를 마이어 이후의 학교 사례가 보여주었기 때문이다. 이는 학교 내부 혁신에 대한 고민만큼 학교를 조건화하는 외부 정책에 대한 관심이 필요하다는 점뿐만 아니라, 외부 조건에 휘둘리지 않을 만큼의 확고한 학교교육의 철학을 내부 구성원들이 견지하고 공유하는 일이 중요하다는 점을 우리에게 재차 일깨워준다. 그러면 이 학교의 구체적인 모습으로 들어가 보자.

2. 센트럴파크이스트 중등학교의 탄생과
   학교교육 철학[2]

센트럴파크이스트 초등학교에서 중등학교로

이 학교 설립자 마이어(Deborah Meier, 1931~)는 뉴욕 시에서 최악의 교육구로 평가받던 이스트할렘(East Harlem) 제4학교구에서 보다 좋은 교육을 제공하고 싶은 마음에 우선 센트럴파크이스트 초등학교와 그 자매학교를, 그 후 중등학교를 차례로 설립했다. 당시 제4학교구 학생들 대다수는 아프리카계와 라틴계로 대부분이 저소득층이거나 빈곤층에 속해 있었다(Meier, 1995: 52). 마이어는 1974년 봄, 제4학교구에 새로 부임한 알바라도(A. Alvarado) 교육장으로부터 공립학교171의 한 건물에서 작은 초등학교를 시작하라는 제안을 받아들여 유치원, 1학년과 2학년, 그리고 약간의 3학년 학생들로 구성된 100여 명으로 첫 번째 센트럴파크이스트 초등학교를 시작했다. 당시의 마이어는 공립학교 체제 속에서 상당히 지친 상태였다. 그녀는 자신의 신념과 상당히 다르고 적대적이기까지 한 시스템 속에서 자신의 신념을 적합한 것으로 만들기 위해 수년간 싸움을 전개한 이후였고, 주변부에서 작업하고 매번 타협하면서 균열을 찾는 데 상당한 에너지를

---

2. 이하 소개하는 센트럴파크이스트 중등학교의 탄생과 학교교육 철학, 센트럴파크이스트 중등학교 혁신의 실제에 대한 내용은 정훈(2014b: 96-110)을 수정 · 보완한 것이다.

쏟은 이후였다. 이러한 상황에서 그녀는 대안적인 생각과 실천을 지원한다는 학교구 관료의 제안을 거부할 수 없었다(Meier, 1995: 57-58). 공립학교 혁신에 목말랐던 우리의 교사들이 혁신학교 정책 초기에 자발적으로 그곳에 몰려들었던 것처럼 말이다.

첫 초등학교의 성공이 외부에 알려지자 지원서가 물밀듯이 몰려들었고, 그 결과 센트럴파크이스트 인근에 추가로 자매학교 두 곳이 설립되어 초등학교는 세 곳으로 늘어났다. 중등학교는 본질적학교연합[3]의 창설자 사이저(T. Sizer)[4]가 1984년 센트럴파크이스트 개교 10주년 기념행사에서 "왜 센트럴파크이스트 중등학교는 없지요? 왜 6학년에서 중단하지요?"라고 제안한 것을 계기로 이듬해인 1985년 7학년 학생 80명으로 문을 열었다. 학생들 중 절반 정도는 센트럴파크이스트 초등학교 출신으로 채워졌다(Meier, 1995: 76-77). 당시 센트럴파크이스트 학교들의 학생 유지율은 아주 높았고, 매년 학생들의 약 5퍼센트만이 학교를 떠나거나 전학을 갔을 만큼 성공적이었다(Meier, 1995: 127).

---

3. 본질적학교연합(Coalition of Essential Schools)은 1984년 사이저(Theodore R. Sizer, 1932~2009)의 노력으로 설립된 단체이다. 이 단체의 목적은 '연합'과 '본질적'이라는 용어가 대표하는 것처럼, 학교교육의 지적인 핵심인 본질적인 것에 주안점을 두고 헌신하는 학교들 간의 협력 관계를 만드는 것이다. 이 단체는 사이저의 주도 하에 12개 고등학교에서 출발해 공립과 사립을 포함해 1200개가 넘는 학교들이 소속된 곳으로 급성장했으며, 미국 국내 38개 주와 해외 2개국으로까지 그 영역을 넓혔다(Levin, 2001: 242-243).

4. 사이저는 미국 교육 개혁의 리더이자 본질적학교연합의 창설자이다. "적게 가르치는 것이 더 많이 가르치는 것이다"(less is more)라는 사이저의 유명한 말은 가르치는 분량보다 배움의 질을 중요하게 생각하는 그의 교육 개혁 노력에서 핵심 원리이다. 또한 개인과 가치의 다양성에 대한 존중은 사이저 철학의 일관된 주제였다(Levin, 2001: 241-246). 사이저의 이러한 특성은 설립자 마이어와 상당히 공통된 부분이다.

학교교육의 철학과 지향점

센트럴파크이스트 중등학교의 기본 철학은 설립자 마이어 자신의 말처럼 진보주의 교육 이론에 기초해있다. 특히 마이어는 기존 진보주의 교육에 제기된 비판인 지나친 아동중심주의의 문제를 인식하며, 자신이 지향하는 진보주의는 피아제의 입장을 반영한 아동 중심일 뿐만 아니라 듀이의 입장을 반영한 민주적 공동체 중심의 교육이라는 점을 분명히 밝히고 있다(Meier, 1995: 60).

> 우리는 어느 정도 "열린 교육"이라 불리는 것의 산물이기는 했지만, 우리의 뿌리는 민주적 공동체의 건설, 완전한 시민성을 위한 교육과 평등주의의 이상에 중점을 둔 초창기 진보주의 교육의 전통으로 되돌아갔다. 우리는 존 듀이(John Dewey)와 장 피아제(Jean Piaget) 모두를 우리의 멘토로 삼았다. 우리는 학습 과정에서 공동체와 사회 환경이 하는 역할뿐만 아니라 개인들이 자신의 생각을 구조화하는 방식에도 많은 호기심이 있었다. 민주적 공동체는 우리에게 좋은 학교교육을 위해 타협할 수 없는 목적이었다(Meier, 1995: 59-60).

진보주의 교육은 대체로 "교과보다 아동, 논리력보다 직관, 지력보다 정서, (사회적) 표준보다 아동의 행복, 일제식 수업보다 개인별이나 모둠별 수업, 감독자로서의 교사가 아닌 친구로서의 교사, 억압적인 환경보다 편안하고 자유로운 환경, 기계적인 암기보다 행하는 것으로 배운다는 원리"(Lloyd, 1976: 89)를 지향하는 교육적 경향이다. 그것은 아동의 타고난 소질을 조화롭게 발전시키고, 배움은 자연스럽고 자발적인 충동이기에 자신의 관심사에 따라 직접 행하며 배우는 것이 지식이나 기능의 외적인 주입보다 더 중요하다는 입장을 취한다(정훈, 2014a: 49). 또한 달링과 노덴보(Darling & Nordenbo, 2003:295-305)는 역사적으로 당대의 전통적 교육에 대항하는 진보주의 교육의 주제들이 되풀이해 등장한다고 말하면서, 그것을 다음의 다섯 가지로 설명한다. 그것은 규율과 통제, 많은 지식과 암기, 교사 권위와 외적 동기를 강조하는 전통적 교육에 대한 비판, 아동의 욕구를 간과한 채 '지식의 형식' 같은 고정된 교육과정에 내재된 지식의 본질을 강조하는 입장에 대한 비판, 악의가 없는 긍정적 존재이자 타고난 학습자로서 아동의 본성 강조, 민주주의와 학교 공동체, 미래 준비를 위한 특정 사항을 강조하는 교육이 아닌 전인 발달을 강조하는 교육이다. 센트럴파크이스트 중등학교에서 이러한 진보주의 교육의 주제들은 다음과 같은 학교교육의 지향점뿐만 아니라 이어서 소개할 구체적 실천 사례들 속에 고스란히 반영되어 나타난다.

첫째, 센트럴파크이스트 중등학교는 경이감을 불러일으키는 학교, 배움의 열정을 창조하는 학교를 지향한다. 마이어는 아이들이 자신의 호기심에 도전할 수 없기 때문에 역량을 펼치고자 하는 천부적 욕구에 기반할 수 없어 결국 침묵하게 되는 것을 큰 문제라고 생각했다(Meier, 1995: 62). 그녀의 오랜 의문은 바로 집과 놀이터에서 보이는 아이들의 자신감에 찬 목소리가 왜 학교에서는 사라지는지, 학교는 어떻게 집요한 이러한 놀이터 지성인들을 침묵하게 하는지였다(Meier, 1995: 34). 이에 센트럴파크이스트 중등학교는 '개인의 필요에 맞춘' 교육을 차용하고(Meier, 1995: 60), 그곳의 교육과정은 세계를 이해하고자 하는 학생들의 천부적 욕구를 지속시키고 그 세계에 영향을 미치는 그들의 능력을 신뢰한다(Meier, 1995: 53-54). 경이감을 불러일으키는 학교를 위해 마이어는 학교를 배움에 대해 배우는 실험실로 만들고, 학교를 아이들 사이에서뿐만 아니라 교사들 사이에서도 배움에 대한 열정을 창조하는 곳으로 만들고자 했다(Meier, 1995: 259-260).

둘째, 센트럴파크이스트 중등학교는 운영상의 목적이자 영감을 불러일으키는 목적으로 민주적 공동체를 지향한다. 마이어는 민주적 공동체의 가능성을 제시하는 학교의 본보기를 만들고 싶어 했다(Meier, 1995: 63). 이 학교가 지향하는 민주주의는 듀이가 말하는 것처럼 단순히 정치의 형태가 아니라, '공동생활의 형식'이자 '경험을 전달하고 공유하는 방식'으로 바라볼 수 있다(Dewey, 1916: 137). 센트럴파크이스트 중등학교가 민주적 공동체로서 공동생활의 형식을 보여주기 때문이다. 이 학교에서 학생과 학생, 학생과 교사, 교사와 교사, 그리고 학부모들 모두는 함께 토론하고 의사결정하는 구조를 만든다(Meier & Schwarz, 1999: 34). 학교 구성원들은 누구나 결정 사항에 대해 재심과 옹호, 설명을 요구할 권리가 있으며, 이처럼 열려 있고 모두가 접근할 수 있는 방식 속에서 교사진과 학생들은 민주주의의 복잡한 특성을 배운다(Meier & Schwarz, 1999: 44-45). 그녀는 민주적 학교의 정의가 무엇이냐는 한 연구자의 질문에 대해 "우리가 모든 사람들의 목소리를 어느 정도, 그리고 어떻게 실제로 들리게 할 수 있고, 실제로 효력을 발휘하게 할 것인지를 계속해서 탐구하고 있는 학교(Knoester, 2010: 79)"라고 대답하기도 했다. 이 점에서 이 학교는 구성원들이 끊임없이 함께 건설하는 학교 공동체, 즉 끊임없이 공동으로 함께 만들고 다시 만들어가는 학교를 지향한다(Davis, 2004: 110, 112).

셋째, 센트럴파크이스트 중등학교는 최소 수혜자에 해당하는 아이들의 교육에 헌신하는 것을 지향한다. 마이어는 미국 사회 계층 구조의 밑바닥에 위치한 아이들이 자신들의 지적 잠재력을 저해하는 것이 아니라 계발하기 위해 어떻게 학교를 이용할 수 있을 것인지, 최대 수혜자들이 자녀들을 위해 사적으로 구입했던 것을 최소 수혜자에게 어떻게 공적인 경비로 제공할 것인지를 자신에게 주어진 사명으로 받아들였다(Meier, 1995: 58). "최고를 살 돈 있는 사람들에게 제공해온 것을 그러한 아이들에게도 제공하라. 그것은 주로 존중의 문제이다(Meier, 1995: 108)."라는 말이 마이어의 이러한 생각을 뒷받침한다.

넷째, 센트럴파크이스트 중등학교는 민주적 공동체 구축과 빈곤층 아이들의 교육을 위해 필연적으로 공립학교를 지향한다. 우선 마이어는 공적인 학교교육이 민주적 원리에 유리한 조건으로 상황을 변화시키는 데 도움을 준다고 본다. 그녀에 따르면 민주주의는 어떤 모습의 미래를 원하는지와 관련해 공적인 성명과 행동으로 영향력을 행사하는 우리의 힘에 기반을 둔다. 이에 그녀는 우리가 공적인 학교교육을 포기하면 미래를 통제하는 하나의 수단을 잃게 된다고 생각했다(Meier, 1995: 41). 다음으로 그녀는 공교육이 모든 아이들을 위한 양질의 교육을 보장하고 민주주의를 위한 필수적인 전제 조건이 된다는 점에서 공립학교를 적극 옹호한다. 그녀는 예전에 단지 극소수의 시민들만이 획득한 지적인 역량을 모든 시민들이 획득할 수 있다는 근본적인 생각에서 출발한다. 공적인 교육은 비록 충분조건은 아니지만 모든 아이들을 위한 교육을 실행에 옮기는 데 필수적인 전제 조건이 된다는 것이다(Meier, 1995: 35-36). 공립학교는 인종, 계급, 종교, 그리고 이데올로기의 분리를 가로질러 정치적 대화를 나누도록 우리를 교육할 수 있다(Meier, 1995: 40). 그녀는 사립학교도 고차원적 사고 능력과 책임감 있는 시민성을 육성할 수 있겠지만, 사립학교가 언제나 그것을 "공정한" 방식으로 하는 것은 아니라는 점을 지적한다. 그곳들은 다른 인종, 계급, 성(gender)을 지닌 학생들뿐만 아니라 힘들게 살고 있고 성공이 쉽게 다가오고 있지 않는 학생들을 가치 쳐내면서 그렇게 할 수 있다는 것이다(Meier, 1995: 155). 그녀는 또한 우리가 시민으로서 더불어 살아가는 기술을 배우는 곳이 바로 학교이고, 우리가 공적인 이익에 대한 생각을 옹호할 수밖에 없게 만드는 곳이 바로 공립학교에 있다는 점에서 공교육을 적극 옹호한다(Meier, 2002: 271).

다섯째, 마이어 자신이 "우리" 대 "그들"이 없는 민주적 공동체를 원하기는 했지만(Meier, 1995: 59), 이 학교는 교사들이 학교운영의 주도권을 갖고 운영하는 학교를 지향한다. 이는 새로운 학교 실험 초창기에 우리의 대다수 학교들이 학교운영을 둘러싸고 학부모들과 갈등하는 현실에서 참조할 만한 대목일 듯싶다. 학교를 설립하면서 마이어는 교사로서 더 큰 자율성을 갖고자 하는 개인적 갈망과 학교를 교사들에게 교육적인 열정과 지적인 도전 의식을 주는 곳으로 만들고 싶어 했다(Meier, 1995: 65; 262). 따라서 교사들은 다양한 방식으로 그들 자신의 학교를 소유했다. 학교는 그들 자신의 목적을 실현하기 위한 관심사로 끊임없이 변화시킬 수 있는 프로젝트의 대상이자 발명품이었다(Raywid, 1999: 139). 센트럴파크이스트의 교사진은 그들이 통제할 수만 있다면 어떤 가르침이 가능할지에 대해 그들 자신의 비전을 가지고 하나로 뭉쳤다. 학부모들도 아주 중요한 존재였지만 그들의 조언은 다만 자문으로 간주했다. 그러나 교사와 학부모의 공식적인 공동 운영을 거부했더라도, 교사들은 좋은 교육을 위해서는 학교와 가정이 진정한 방식으로 협력해야 한다는 것을 놓치고 있지는 않았다(Meier, 1995: 66).

센트럴파크이스트 중등학교는 이러한 철학과 지향점 속에서 학교는 아이들이 생산적이고, 사회적으로 유용하고, 개인적으로 만족스러운 인생을 살도록 스스로를 준비하는 데 관심을 갖게 하면서 자신의 마음을 잘 사용하도록 가르치는 것을 핵심 목적으로 삼았다(Raywid, 1999: 139). 그러면 센트럴파크이스트 중등학교에서 이를 어떤 방식으로 가능하게 했는지 구체적인 사례를 통해 살펴보자.

3. 센트럴파크이스트 중등학교 혁신의 실제

모든 아이가 자신의 생각의 힘을 경험할 수 있는 환경을 창조
하기 위해서는, 우리가 학교교육 조직을 단순히 용인하고 학교의
목적에 별말과 별생각 없이 동의하는 것이 아니라, 그것을 뒤흔
들어야 한다.(Meier, 1995: 35)

학부모들이 선택할 수 있는 작은 학교

센트럴파크이스트 중등학교가 지닌 제도상의 두드러진 특징은
학부모들이 선택할 수 있는 공립의 작은 학교라는 점이다.

선택할 수 있는 학교

마이어 자신이 시장화에 반대하는 것은 사실이지만 그녀는 학
교 선택제만은 학교 혁신의 전제 조건으로 받아들인다. 그녀가
학교 선택제를 옹호하는 주된 이유는 그것이 근본적으로 새로운
교육방법의 실천을 실험하는 학교를 창조하는 유일한 방법을 제
공한다고 보았기 때문이다. 그녀는 학부모들이 선택할 수 있는
학교에서만 우리가 충분히 큰 규모로 충분히 장기간에 걸쳐 새로
운 실천이 지닌 이점을 입증할 수 있다고 생각했다. 이 점에서 학
교 선택제는 변화를 가져오는 도구로서 필요한 전제 조건이자 필
수적인 기폭제였다. 그녀는 학교 선택제를 통해 학부모와 교사들

이 "자신들과 관련된 사항"을 책임감과 공적인 책무성을 가지고 다룰 수 있다면, 많은 학부모와 교사들이 그곳에서 변화를 탐색할 수 있을 것이라 기대했다. 그리고 학교교육이 성공하는 데 본질적인 학부모와 교사들, 그리고 학생들 사이의 유대감을 형성함으로써 학교에 대한 소속감도 강화할 수 있을 것이라고 생각했다(Meier, 1995: 191-193). 학교 선택제가 공교육을 구원하는 본질적 도구라고 믿는 마이어의 입장은 한편으로는 시장주의자들과 그 주장을 같이하는 듯 보이고, 그녀 역시 그 점을 인식하고 있다. 그러나 그녀는 그러한 우려가 규칙이 아니라 예외라는 것을 입증하고자 했다. 따라서 그녀는 당시 혜택 받은 소수만이 누리고 있던 선택 권한을 모든 학부모들이 누릴 수 있도록 하면서도, 그것을 공정한 수단으로 의식적으로 바꾸는 것을 중요한 과제로 삼았다(Meier, 1995: 190). 마이어의 이러한 생각은 다음의 말이 잘 대변해 준다.

우리는 학교 선택제를 둘러싼 수사적 표현으로 너무 자주 등장하는 말들, 예를 들면, 시장의 엄격한 적용, 사적인 학교교육이 지닌 미덕, 공공장소와 공적 공간에 내재한 평범함이라는 말을 믿지 않아야 한다. 우리는 학교 선택제를 분별력 있게 사용함으로써 일부 시장의 악덕을 제거하고 그 미덕을 취할 수 있다. 또한 공교육의 기반을 약화시키지 않으면서도 최고 사립학교들의 미덕들을 취할 수 있다(Meier, 1995: 198).

작은 학교

작은 규모는 학교를 개선하는 주요 요인이자 설립자 마이어가 논의하고 있는 교육방법의 탐색에서 본질적인 요소이다. 그녀는 학부모들이 선택할 수 있는 작은 학교에서 보다 작고 특성화된 교육 공동체를 창조하고, 가정과 학교 사이의 신뢰 분위기를 높이고, 실행 가능한 자치 모델을 개발하고, 이질적인 학생들의 구성 비율을 증가시키고, 다양한 학습 양식과 학생 흥미에 대응하는 교육방법을 사용하는 것이 훨씬 더 쉽게 성취될 수 있다고 보았다(Meier, 1995: 196). 그리고 이러한 특성화된 다양한 작은 학교들의 탄생이 학교 선택제의 효과를 높일 수 있는 한편, 학교 선택제를 계기로 특성화된 다양한 작은 학교들이 또한 만들어질 수 있다고 보았다. 이러한 생각에서 마이어는 기존 학교 건물들을 쪼개 완전히 독립적인 여러 개의 작은 학교들을 설립하는 것으로 공교육의 혁신을 진행했고, 센트럴파크이스트 중등학교도 동료들과 학생들을 잘 알기 위해 작은 학교를 선택한 센트럴파크이스트 초등학교들의 전통을 따랐다(Meier, 1995: 88). 그러면 작은 학교로서 센트럴파크이스트 중등학교의 특성을 살펴보자.

이 학교의 재학생 수는 450명으로 이는 정확히 학교의 강당이 수용할 수 있는 만큼의 인원수였다. 이는 학교의 최대 규모가 얼마여야 하는가에 대한 하나의 기준이 된다. 다른 유용한 기준은 전체 교직원이 모일 때 얼굴을 맞대고 둥글게 둘러앉을 수 있는지 여부였다. 그리고 팀 만들기 전문가들의 의견에 따라 학급 인원수와 교직원 수는 각각 20명 정도를 최대치로 설정했다(Meier,

1995: 116). 그러나 마이어는 450명도 이상적인 인원수가 아니기 때문에 하위 집단으로 더 나누는 것이 필요하다고 보면서 다음과 같은 방식을 통해 작은 학교로의 구조 혁신을 감행했다(Meier, 1995: 116-119). 센트럴파크이스트 중등학교는 전통적인 학교의 학년과 학급 구분을 따르지 않고 전체 학생을 우선 3개의 디비전(division)으로 나누고 각 디비전을 다시 2개의 하우스(house)로, 각 하우스는 다시 15명 단위의 어드바이저리(advisory)[5]로 나눠 담임교사의 역할을 하는 한 명의 어드바이저(adviser)가 15명의 아이들만을 책임지게 하는 것으로 학교의 구조를 혁신했다. 각 디비전은 150명의 아이들과 학습장애가 전공인 자료 교사, 거의 모든 주제에 걸쳐 가르치는 8명 또는 9명의 교사로 구성된다. 디비전은 4명의 핵심 교사진이 각각 있는 75명에서 80명 정도의 학생들로 구성된 하우스 2개로 다시 나뉜다. 대부분의 교사들은 단일한 교과보다 더 많은 교과들을 책임지면서 수학과 과학 같은 교육과정을 결합할 수 있었다. 이렇게 전형적인 뉴욕 시 학교들과 동일한 예산으로 센트럴파크이스트 중등학교는 1명의 교사가 매일 살피는 학생 수를 160명에서 단 40명으로 줄일 수 있었다. 담임교사는 어드바이저리 시간 동안 그룹에 속한 15명의 아이들을 모아서 개별 지도하고, 세미나를 하고, 그들의 자습을 돌본다. 또한 그룹에 있는 아이들이 학교에서 어떻게 지내는지를 가정에 계

---

5 센트럴파크이스트 중등학교의 '어드바이저리(advisory)'는 '어드바이저(adviser)'에 해당하는 담임교사가 15명의 아이들을 책임지며 그들의 학업 지도와 상담을 도맡아 하는 일종의 담임 시간이다. 이는 우리나라 학교들에서 담임교사들이 하는 역할과 유사하다.

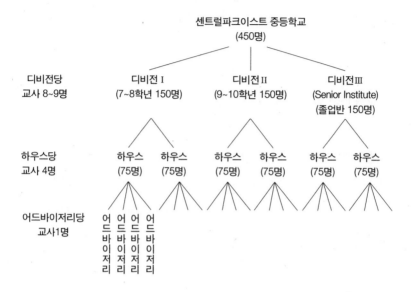

센트럴파크이스트 중등학교의 작은 학교 구조

속해서 통지한다. 교장, 사회복지사, 사서, 특수학급 교사 등 모든 전문직 교직원들 또한 어드바이저리 그룹을 운영하였다. 이는 학부모들과 교사가 함께 여는 저녁 모임에 각 교직원이 열다섯 가정만 만나면 된다는 것을 의미한다. 학생들은 센트럴파크이스트 중등학교의 각 디비전에서 동일한 담임교사와 함께 2년을 보낸다. '디비전 I'은 7학년과 8학년에 해당하며, '디비전 II'는 9학년과 10학년으로 구성된다. 학생들이 졸업장을 원하거나 인생의 다음 단계를 준비하고 싶다면, 졸업반(Senior Institute)으로 불리는 마지막 디비전에 남을 수 있다. 각 디비전 안에서는 학년 단계에 따라 어떤 차이도 만들어지지 않는다. 학생들 모두는 폭넓은 범위에서 동일한 주제를 함께 공부한다. 이러한 학교 혁신은 별도의 추가 예산 없이 기존과 동일한 예산을 가지고 학교가 어떻게 다른 모습으로 변경될 수 있는지를 보여주었다.

교육과정 및 교육평가의 혁신

센트럴파크이스트 중등학교의 교육과정과 교육평가의 혁신적인 모습은 마음과 작업과 감정의 습관 강조, 2시간으로 이루어진 통합교육과정 수업, 학예발표회(exhibitions)와 포트폴리오를 활용하는 평가 방식으로 특징된다.

교육과정

첫째, 센트럴파크이스트 중등학교의 교육과정은 (지성적) 마음의 습관(habits of mind), 작업 습관, 감정의 습관을 그 중심에 놓은 것이 특징이다. 이는 최근 역량을 중심으로 하여 교육과정을 재편하려는 움직임과 유사해 보인다. 먼저 지성적 마음의 습관은 다음의 5가지 습관을 지칭한다.

> 증거에 대한 질문 즉 "우리는 우리가 안다는 것을 어떻게 알까?", 모든 다양성 속에서 관점에 대한 질문 즉 "누가 말하고 있을까?", 연관성과 패턴에 대한 탐구 즉 "어떤 것의 원인은 무엇일까?", 추정하기 즉 "상황은 얼마나 다를 수 있을까?", 그리고 마지막으로, 그중 어떤 것이 중요한 이유 즉 "누가 관심이 있을까?(Meier, 1995: 110)"

센트럴파크이스트 중등학교의 모든 학생들은 이 습관들을 내면화해야 하고, 무엇을 공부하든 학교뿐 아니라 특히 학교 밖에서도 그것을 사용해야 한다. 그리고 이 습관들은 아이들 모두를 위해 필요한 것으로 강조된다(Meier, 1995: 112). 이 습관들을 철저히 실천하기 위해 학교는 더 많은 자료들을 다루는 것이 아니라 더 적은 자료들을 다루는 데 전념한다(Meier, 1995: 111). 이는 본질적학교연합의 사이저가 표방하는 "적게 배우는 것이 더 많이 배우는 것"이라는 원칙과 일맥상통한다. 마음의 습관들은 또한 학생 수행을 판단하기 위한 토대일 뿐만 아니라 교육과정과 평가 방법의 기초이기도 하다(Meier, 2009: 47; Meier & Schwarz, 1999: 35). 이러한 습관은 적절한 교과들에 붙박여있으며, 읽기, 쓰기, 논리학, 계산법, 조사 학습, 과학적 탐구 기술을 사용하는 학습자의 능력에 달려있다. 마이어는 학년과 교과를 관통하는 이 습관들의 보편성을 믿었다(Meier & Schwarz, 1999: 35).

다음으로 이 학교에서 높은 가치를 부여하는 작업 습관은 책임감의 수준이 높아진다는 것을 받아들이고, 적절히 다른 사람들과 의사소통하는 능력, 그리고 스스로 태도를 결정하려는 의지뿐만 아니라 자신의 마음을 기꺼이 바꿀 수 있는 의향, 약속을 지키고 마감 기일을 준수하는 사람이 되려는 습관을 갖는 것이다(Meier, 1995: 109). 이러한 작업 습관은 노동 윤리로서 친구, 이웃, 배우자, 동료에게도 또한 중요하다. 어떤 공동체도 구성원들이 서로 믿을 수 없다면 살아남을 수 없기 때문이다(Meier, 1995: 310-311). 배려와 동정심 같은 감정의 습관도 이 학교가 가르칠 책임이 있는 핵심 주제들의 일부이다. 잘 알고 능숙해진 배려는 학습된다. 배려하는 것은 정서적인 것만큼 인지적인 것이다. 세상을 다른 사람들이 보는 것처럼 보는 능력은 감상적이지 않은 동정심의 중심이고, 지적 회의론과 공감 모두의 근원이다. 다른 사람에게 공감할 수 있는 이런 자질은 정확히 의도적인 함양, 즉 학교교육이 필요한 마음의 습관이기도 하다(Meier, 1995: 134).

이상의 습관의 관점에서 센트럴파크이스트 중등학교에서 잘 교육받는다는 것은 학생들이 다음의 자질을 함양하는 것과 관련된다. 그것은 면밀한 관찰력을 갖추는 것, 회의적 태도와 열린 정신을 소유하는 것, 상상하고 궁금해하고 새롭고 흥미로운 방법으로 종합하는 능력, 다른 사람들이 세상을 어떻게 생각하고 느끼고 이해하는지 상상하는 습관, 증거를 존중하고 좋은 자료와 나쁜 자료를 구별하고 어떠한 사실도 없이 큰소리로 의견을 밝히기 전에 망설이는 것, 다양한 매체로 신중하고 설득력 있게 그리고 강력하게 의사소통하는 방법에 대해 아는 것, 세상과 우리 동료 시민들을 충분히 배려하는 것이다(Meier, 1995: 309-310). 이처럼 지성적 마음, 작업, 감정의 습관을 강조하는 것은 센트럴파크이스트 중등학교가 아이들의 지적 · 도덕적 · 정서적 측면 모두를 균형 있게 길러주려고 한다는 점을 말해준다.

둘째, 센트럴파크이스트 중등학교는 교과 중심의 교육과정이 아닌 주제 중심의 통합 교육과정을 강조한다. 앞서 언급한 습관에 기초한 자질 목록은 학문 세계의 특수한 교과에 의도적으로 얽매이지 않도록 한다. 그것은 특정한 교과를 지지하지도 간과하지도 않는다. 전통적인 학문에 기초한 학교교육을 포기하지는 않지만, 그것을 출발점으로도 거의 사용하지 않는다. 이 학교는 전통적인 학문을 중요한 지적 활동의 동의어가 아니라 하나의 사례로만 간주하면서 교육과정에 대한 새로운 가능성을 열고자 했다(Meier, 1995: 311). 즉 지성적 마음의 습관을 몸에 배게 하기 위해 학문적 교과들 그 자체가 아니라 통합적 주제들이 교과의 역할을 할 수 있게 한 것이다. 예를 들어, 중등학교 탄생의 모태였던 센트럴파크이스트 초등학교에서 학생들은 물리학의 구조, 기하학의 정형화된 양식, 형식과 기능 사이의 관계, 지역사회의 역사, 그리고 테크놀로지와 사회사 사이의 관계에 대한 탐구 같은, 다리에 관한 주제들을 여러 달 동안 공부한다. 학생들은 창조하고 발명하고 조사하고 관찰하고 읽고 인터뷰하고 계획을 세우고 측정한다. 센트럴파크이스트 중등학교에서 학생들은 "미국인은 누구인가"라는 질문에 대한 다양한 의미들 모두를 자세히 검토하면서 1년을 보낸다. 역사, 문화, 심리학, 지리학과 정치학, 문학과 시각예술에 대한 연구가 이러한 주제를 탐구하는 데 요구된다. 학생들은 지구라는 행성에 좋은 것과 인류에 좋은 것이 같은 뜻인지에 관한 다양한 문제를 다루면서 몇 달, 때때로 몇 해를 보내기도 한다. 이러한 탐구 주제들은 과학이나 사회과학, 또는 철학이나 도덕 과목 같은 특정 과목으로 한정하기 어려운 통합적 주제들이다(Meier, 1995: 312).[6] 이는 모든 전통적 교과들이 지금 우리에

---

6. 이외 이 학교에서 수행된 주제별 통합 수업의 몇 가지 사례는 성열관(2004: 92-93)의 연구에서 추가로 확인할 수 있다.

게 중요하지 않다는 것을 뜻하는 것이 아니라, 전통적 교과를 지적인 탐구에 있어 부차적인 것으로 만들면서 우리에게 그러한 교과들이 우리의 탐구와 어떻게 관련이 있는지를 질문하도록 한다. 이 학교에서 무엇을 공부할지를 결정하는 것, 가장 영향력이 큰 기준은 학문 세계의 필요가 아니라 민주적 시민들의 요구(Meier, 1995: 306), 학생들의 요구이다.

셋째, 센트럴파크이스트 중등학교의 교육과정은 복잡하지 않고 다음과 같이 단순하게 편성된다(Meier, 1995: 119-121). 이 학교는 "시간표를 단순하게 편성하세요"라는 사이저의 제안을 따랐다. 이 학교는 과감하게 중등학교 시간표를 센트럴파크이스트 초등학교 시간표와 비슷하게 편성했다. 센트럴파크이스트 중등학교는 매일 인문학(예술, 역사, 문학, 사회탐구) 2시간, 수학과 과학 2시간, 담임 시간 1시간이라는 가장 단순한 시간표를 편성했다. 이 시간표는 첫 4년 동안 7학년에서 10학년까지 거의 매일 변화가 없어 판에 박힌 일상이었다. 7학년부터 10학년 학생들은 매주 아침 하루 지역사회 봉사 활동을 한다. 매일 아침 8시부터 9시까지 외국어 수업이 진행된다. 졸업반에 들어가게 되면 다소 다르다. 거기서 학생들은 교정 밖에서 진행되는 일부 강좌들을 이수하고, 인턴 근무에 참여하게 된다. 그리고 주로 1시간 단위로 진행되는 더 넓은 분야의 수업을 선택해서 듣는다. 또한 1시간으로 편성되는 점심시간은 다른 학교들보다 길어 교직원들은 함께 시간을 보낼 수 있고, 학생들은 밥 먹고, 스포츠나 컴퓨터 같은 선택 활동을 하고, 자율 연구나 독서 또는 도서관에 구비된 미디어

시설을 이용하기 위해 도서관에 갈 수도 있다. 마지막으로, 오후 3시에서 5시까지 그리고 토요일 아침에 학교 건물은 학교 간 스포츠 프로그램, 연구, 숙제, 또는 도서관에서의 개인 교습, 그리고 몇몇 학생이나 교직원이 주도하는 동아리 활동을 위해 개방된다. 오후 4시에서 5시 사이에 아이들과 교직원들은 계속 교실과 교무실 안팎에서 자주 함께 어울린다. 이러한 종류의 시간표는 어떤 측면에서 보면 그저 단순하지만은 않다고 평가되기도 한다.

교육평가

센트럴파크이스트 중등학교에서 학생들은 선다형 시험이 아니라 자신이 알고 할 수 있는 것을 직접 보여주는 것으로 자신의 능력을 입증할 기회를 보장받는다. 학예발표회, 포트폴리오, 프레젠테이션으로 대표되는 이러한 평가 방식은 특히 박사 학위 심사의 구두시험을 닮은 졸업 사정에서 두드러진다. 이 학교는 사이저와 본질적학교연합이 권장하는 것처럼 공개적으로 접근할 수 있는 "학예발표회"에 따라 학생들을 졸업시키는 데 전념했다. 학예발표회에 대한 생각은 현재 수행이나 포트폴리오에 기반한 졸업 사정으로 알려진 방식이다. 학예발표회는 이 학교 학생들이 학점이나 선다형 시험에 기초해 성적을 축적하는 대신 자신들의 지식과 역량을 실제로 입증하도록 대비하게 만든다(Meier, 1995: 78).

센트럴파크이스트 중등학교의 마지막 단계인 졸업반에 올라가는 학생들은 수학, 과학, 문학, 역사, 예술, 지역사회 봉사와 견습,

그리고 자서전 쓰기와 같은 영역에서 7개의 주요 프레젠테이션을 포함해, 작업 결과물로 완전히 채워진 14개의 포트폴리오를 완성하라는 과제를 부여받는다. 14개 포트폴리오 중 첫 번째이자 졸업 절차의 가장 중요한 항목은 졸업 후 계획이다. 학생들이 이 계획을 잘 활용하면 그들은 가장 강력한 집중력을 가진 사람이 될 수 있으며, 학생, 가정, 담임교사가 결합한 공동 활동으로서 학교 안팎에서 개설된 일련의 교육과정, 인턴이나 견습, 자율 연구를 하나로 합칠 수 있다. 이는 또한 졸업 이후 해야 할 더욱 독립적인 후속 과업을 안내하는 다른 외부 경험들과 만날 수 있는 기회를 제공한다(Meier, 1995: 129). 교사진에서 최소 교사 2명, 학생이 선택한 어른 1명, 그리고 또 다른 학생으로 구성된 졸업사정위원회에서 "프레젠테이션"은 엄청난 진지함과 열의로 수행된다. 프레젠테이션은 센트럴파크이스트 중등학교에서 학생들이 쌓은 성과들에 대한 주된 기록이자 성적 증명서, 그리고 졸업 학위를 받기 위한 기초로 활용된다(Meier, 1995: 128). 일련의 성과물들을 처음으로 제출해서 최종 승인될 때까지는 최소한 1년이 꼬박 걸리지만 학생들은 거듭해서 재심사를 받을 수 있다. 이는 학교가 학생들에게 공개적으로 변론할 수 있는 기회를 보장한다는 점을 말해준다. 전체 교직원의 심사를 거친 다음에는 최종적으로 외부 심사자들의 심사를 거친다. "외부 심사자들"은 사전에 먼저 그 자료들을 심사한다. 그들은 자신들이 매긴 평점과 그에 대한 추론의 논거들을 토론하는 것으로 심사를 시작한다. 외부 심사자들의 평점은 교내 심사위원들이 매긴 평점과 비교되고, 그 다음 근거를 두고 논의하기 위해 함께 모여 협의한다. 이는 기준들을 세우고, 가르치는 실천들을 검토하고, 교육과정에 관한 문제들을 제기하는 모든 것이 동시에 이뤄지는 하나의 평가 형식이다(Meier, 1995: 99-100). 또한 이 학교는 5개의 지성적 마음의 습관을 지닌 사람을 사려 깊은 사람으로 보기 때문에, 졸업사정위원회는 이러한 사려 깊음의 증거에 기초한 심사도 진행한다. 이에 구성원들은 이 5개의 습관을 획득했는지 여부를 입증할 수 있도록 준비해야 한다(Meier, 2009: 47; Meier & Schwarz, 1999: 35, 38).

대화와 소통의 구조

센트럴파크이스트 중등학교는 학생들, 교직원들, 학부모들, 그리고 더 큰 공동체 사이의 협력과 상호 존중을 민주적 실험의 일부로 간주하였다(Meier, 1995: 63). 이에 대화와 상호 존중, 참여에 기초한 다음과 같은 당사자들 간의 대화와 소통 구조는 일반 학교들에서보다 더욱 소통에 유리한 조건을 보여준다.

교사와 학생

아이들이 어른들의 복잡한 기능과 성향을 배워가는 최선의 방법은 그들 스스로가 닮고 싶어하는 전문가인 어른과 지속적으로 어울리고, 삶 속에서 실제로 함께하면서이다(Meier, 2002: 38). 아이들은 배움에 대한 욕구 때문에서라도 어른들과 함께하기를 원한다(Meier, 2002: 32). 1명의 교사가 학생 15명을 책임지게 하고 2년 동안 동일한 학생들 곁에 머물게 하는 어드바이저리(담임 체제) 운영은 학생들이 세심한 교사들과 좋은 관계를 형성할 수 있게 하면서 그것을 가능하게 한다. 작은 학교는 아이들과 어른인 교사들이 서로 얼굴을 맞대고 대화를 계속 나눌 수 있는 강력한 교육적 힘을 제공한다(Meier, 1995: 205). 게다가 이렇게 좋은 인간관계를 아주 많이 강조하면서도 이 학교는 놀랍게도 학문적 수월성을 희생시키지 않는다(Davis, 2004: 108). 마이어는 누구에게나 좋은 학교는 약간은 유치원 같고, 약간은 좋은 대학원 프로그램 같다고 말하면서, 자신이 유치원 교사로서 지닌 시각을 처음에는 초등학교로, 그 다음에는 중등학교로 옮겨왔다. 이는 이 학교의 교사들 모습이 듣고 보는 것을 통해 아이들을 알게 되고, 강연자이거나 설명자가 아니라, 편집자이자 비평가이며, 치어리더이자 돌보는 사람의 역할을 하는 유치원 교사의 모습을 닮았다는 점을 말해준다(Meier, 1995: 108). 이러한 교사의 비권위적인 태도는 아이들과의 대화적 관계를 더욱 긴밀히 만들어줄 수 있을 것이다.

다음으로 의사결정 과정에서 전통적인 학교들보다 더 많은 참여와 토론의 기회를 아이들에게 제공하는 것이 이 학교의 특징이다. 센트럴파크이스트 중등학교 개교 초기에 교사들과 학생들이 벌였던 다음의 논쟁 사례는 원활한 대화와 의사결정의 한 단면을 보여준다.

우리는 학생 "복장 규정", 주로 학생들의 모자 착용을 허용해야 할지 말아야 할지를 두고 논쟁하는 데 상당한 시간, 심지어는 당혹스러울 만큼 많은 시간을 할애했다. 그러나 이 문제들에 대한 논쟁도 학생들이 우리 교사들의 논의에 참여하도록 하는 조건에 따라 이루어졌다. 사람들은 복장의 영향력을 다룬 글들을 가져와 우려되는 중요한(또는 그렇지 않은) 문제를 제기했다. 그것은 다른 사람들이 우리를 어떻게 볼 것인지, 그리고 우리가 복장에 대해 격식을 세우지 않는다면 아이들이 더 격식을 차리는 직장에서 더 격식을 차린 복장으로 바꾸는 것이 힘들게 되지는 않을까 하는 우려였다. 복장 규정을 반대하는 사람들이 결국 논쟁에서 이겼다. 그러나 복장 규정을 지지하는 사람들은 여전히 가끔씩 그들의 입장에서 관심을 끄는 여러 증거들을 가져와 제시한다(Meier, 1995: 206).

학생들과 교사들 간의 신뢰는 이러한 대화적 관계 속에서 싹트는 것이며, 그러한 신뢰는 학생들과 교사들 간의 관계를 뒷받침하는 요소로 작용하게 된다는 데서 그 의미를 찾을 수 있을 것이다(Meier, 2002: 32).

교사와 교사

센트럴파크이스트 중등학교는 학교에서 어른들의 생활이 민주적이어야 한다는 점에 훨씬 더 큰 중요성을 부여한다(Meier, 1995: 63). 교사들은 계속해서 모든 결정들, 크고 작은 일들, 학교생활을 총괄하는 최종적인 총회 조직의 중심이었다. 그들이 "토론할 수 없는" 것은 어떤 것도 없었다. 이는 그들과 실제로 가장 관련된 문제들, 즉 아이들이 어떻게 배우고, 그들의 교실이 실제 어떻게 운영되는지, 그들이 어떤 변화를 만들어내야 하고 어떤 근거에서 그러한지에 대한 문제들을 논의하기 위해 더 많은 시간이 필요하다는 것을 의미했다. 그들은 이렇게 공동의 토론 석상으로 더 많은 것을 가져왔다(Meier, 1995: 70). 이는 의례적으로 열리는 "교장이 주재하는 회의" 이상이 교사들에게 필요하다는 점을 의미한다. 일반적으로 교장이 주재하는 회의는 공동의 토론으로 채워지기보다 모든 지시들이 분명히 "들리도록" 메모한 것을 큰 소리로 읽는 것으로 채워지는 경우가 흔하다(Meier, 1995: 249). 또한 교실 배치에서 하루 시간표 작성에 이르기까지 학교의 구조는 교사들이 서로의 수업을 참관할 수 있고, 그들 자신과 동료의 실천을 성찰할 수 있게 조직된다. 그리고 교사들이 서로에게 피드백과 지원을 제공할 수 있게 조직된다(Meier, 1995: 121). 다음과 같이 학교 일상에 자연스럽게 녹아들어 있는 대화와 협력의 구조가 이를 잘 보여준다.

> 교사진이 서로 만나고, 이야기하고, 함께 일하는 사람들이 할 필요가 있는 것을 동료 간에 합의하도록 일주일에 학교 일과 시간 중 6시간이 시간표에 편성된다. …… 동일한 학생들을 동일한 교육과정으로 가르치는 각 교사 팀은 동일한 시간에 가르치고 함께 "쉰다." …… 동일한 디비전에 속한 동일한 학생들에게 합의된 동일한 주제를 가르치는 교육과정 팀들은, …… 학생의 학업 활동과 서로의 계획을 비평하기 위해 교실 밖에서 매주 한 번 아침 모임 시간을 충분히 갖는다. 그리고 기준들과 장기적인 기대를 수립하는 데 힘쓰기 위해 가끔 꼬박 며칠을 보내기도 한다.

동일한 이유로, 80명의 같은 학생들을 가르치는 각각의 하우스에 속한 교사진은 한 시간 반으로 연장된 점심시간을 매주 한 번 함께한다. 전체 교직원은 학교 전체의 결정을 공동으로 내리고, 생각을 토론하고, 교육과정과 졸업 기준, 모든 연령과 학년에 겹치는 문제들을 해결하기 위해 매주 월요일 오후 3시부터 5시까지, 그리고 금요일 오후 1시 반부터 3시까지 회의를 위해 모인다 (Meier, 1995: 121-122).

이러한 구조 속에서 교사들은 지지와 비평이 상호 배타적이지 않다는 점을 이해하면서, 공동의 작업에 책임질 수 있게 되며 (Meier, 1995: 208), 교사들 사이의 소통의 기회를 넓힌다. 교사들 사이의 근본적인 합의 구조와 긴밀하게 연결된 계속적인 협력은 센트럴파크이스트 중등학교가 성공할 수 있었던 하나의 요인으로 평가된다(Raywid, 1999: 144). 이러한 교사들 간의 민주적 소통 구조는 아이들이 교사들 사이에서 보이는 민주적 대화와 판단을 반드시 따라 배우게 된다는 점에서 중요성을 갖는다(Meier, 2002: 20).

교사와 학부모

센트럴파크이스트 중등학교는 공식적으로 교사와 학부모의 공동 운영을 거부한다. 그렇지만 그곳은 좋은 교육을 위해서는 학교와 가정이 진정한 방식으로 협력해야 한다는 것을 알았다. 학교와 가정 사이의 진정한 협력은 교사들에게 가정 지향적인 학교를 건설하는 데 열심히 일하도록 처음부터 동기를 불어넣었다

(Meier, 1995: 66). 따라서 이 학교 학생들은 학교 공동체에서 자신의 부모님들이 학교에 참여하기 위해 계속해서 노력하는 모습을 볼 수 있다(Davis, 2004: 108). 또한 교사들은 자신들이 학부모들에게 말한 것에 더 비판적으로 귀를 기울여 듣는다. 자신들이 학부모들이라면 그것을 어떻게 들을 것인지 궁금해하고 아이들 역시 그 관계를 어떻게 해석할 수 있을지에 대해 궁금해하면서 귀를 기울여 듣는다. 센트럴파크이스트 초등학교와 중등학교 교사들 모두는 네 살과 열여덟 살 학생들 모두에게 교사와 학부모가 함께하는 회의에 참석할 것을 요청한다. 이와 같은 회의는 학교와 가정이 공동으로 문제를 해결하는 모임으로, 거기서 모든 당사자들은 정보를 공유한다. 관계를 쌓아올리기 위해서는 시간이 필요하기 때문에, 교사들은 할 수 있는 2년의 담임 시간 동안 아이들과 교사들이 함께 모이는 시간을 갖는다(Meier, 1995: 72-73). 교사와 학부모와의 소통을 넓히기 위한 이 학교의 또 하나의 중요한 특성은 둘 사이를 중재할 수 있는 "제3의 귀"를 적극 활용한다는 점이다. 이를 위해 가정과 학교 모두 "제3의 귀"가 필요할 때 편하게 활용할 수 있는 개인이나 조직과 정기적인 관계를 맺으려고 노력한다(Meier, 1995: 244).

이상 센트럴파크이스트 중등학교가 보여주는 '공동생활의 양식'과 '경험을 전달하고 공유하는 방식'은 "모든 성원이 서로 주고받는 기회를 균등하게 가지고 있고, 그 성원들이 아주 다양한 활동과 경험에 공동으로 참여한다는 점(Dewey, 1916: 132-133)"에서 분명 대화와 민주적인 소통의 구조를 보여준다.

상호 존중의 문화

존중은 센트럴파크이스트 중등학교 철학의 핵심에 놓여있다 (Raywid, 1999: 140). 이곳은 학교가 아이들과 교사들, 그리고 심지어 교장에 이르기까지 모든 사람들이 상호 존중하는 흥미로운 곳이 되어야 한다고 계속해서 주장한다. 상호 존중이 건강한 민주주의를 위해 필수적인 기반 조건이라면, 그것이 학교교육의 토대가 되어야 하기 때문이다(Meier, 1995: 253). 학교 설립자 마이어에게 상호 존중은 다음과 같이 이해된다.

> 상호 존중은 아마도 우리 모두가 추구하고 있는 것인데, 그것은 다른 사람이 우리가 누구인지에 대해 우리를 가치와 중요성에서 그들과 동등한 사람으로 인정하고 이해한다고 확신하는 것을 의미한다(Meier, 1995: 224).

센트럴파크이스트 중등학교는 상호 존중을 위해 필요한 배경 조건을 갖추고 있다. 학교 규모는 작고, 교사들은 학생들과 그들의 가정에 대해 몇 년에 걸쳐 알 수 있고, 나이 차이와 상관없이 여러 주제들을 두고 격식 없이 언제든 대화를 나눌 기회가 있다. 또한 "내 입장"을 말할 기회들에 대해 젊은 사람들과 나이 든 사람들의 요구와 권리들이 거의 다르지 않다는 가정에 근거한 규칙과 규정들이 있다(Meier, 1995: 248). 존중의 문화는 서로에 대해 잘 아는 것에 기초하는데, 센트럴파크이스트의 작은 학교 구조는 서로에 대해 잘 아는 것을 가능하게 만든다(Meier, 1996: 13).

이러한 상호 존중의 문화에 대해 마이어는 그 장점을 다음과 같이 부연 설명한다.

첫째, 상호 존중은 신뢰의 풍토를 조성한다. 이 학교 교사들은 교육적으로 용납할 수 없는 위험을 불러오지 않는다면 타협점을 발견하거나 개인들의 다양성을 수용하려고 노력한다. 시간이 지나면서 동료들은 소수에게 각별한 의미가 있는 문제라면, 그 소수가 단 한 사람이더라도 투표에서 서로 이기려고 하지 않을 만큼 충분히 배려하게 된다. 이러한 배려는 정책 결정에서 다수결이나 행정 명령보다 더 강력한 힘을 발휘하는 마음을 열고 신뢰하는 풍토를 조성한다(Meier, 1995: 246-247). 우리가 신뢰받는다고 느끼게 되면, 우리는 더욱 자주 조언을 구하고 관심사를 토론하고, 때 맞춰 가장 적합한 해결에 도달하는 것이 가능해질 수 있다(Meier, 1995: 243-244).

둘째, 상호 존중은 우리가 서로에게 정말 귀를 기울이게 한다. 자신의 견해를 강하게 가지고 있는 다른 사람들이 어떤 사람의 자율성에도 위협으로 보이지 않기 때문에 그 견해에 세심한 주의를 기울이는 것이 더 쉬워진다. 또한 학부모들이 학교 실천에 제기하는 비판들과 교사들이 자신들의 실천을 관찰하도록 초청한 외부 비평가들의 말을 더 주의 깊게 듣도록 한다(Meier, 1995: 247).

셋째, 존중의 문화가 충분하게 되면, 우리는 아이들에 대한 단호한 통제를 그만두고, 실수하는 것을 포함하여 아이들이 의사결정에 참여할 수 있는 여지를 더 많이 마련할 수 있다(Meier, 1995: 224). 존중의 문화는 또한 아이들의 학습 능력을 더 높여줄 수 있다는 점에서 그 장점을 이야기할 수 있다. 아이들이 위험한 상황이나 실수, 바보 같은 행동을 해도 자신을 믿어주는 누군가가 존재한다는 사실을 인지하게 되면 그들의 학습 능력이 더 높아질 수 있기 때문이다(Meier, 2002: 40).

상호 존중이 지닌 이러한 장점은 학교를 그들 자신의 특별한 배려 공동체로 만들었으며(Raywid, 1999: 140), 상호 간에 신뢰를 넓히고, 서로에게 귀를 기울이게 하고, 의사결정에 더 많이 참여하게 하는 토대로 작용했다.

4. 센트럴파크이스트 중등학교가 보여주는
'학교교육 제4의 길'

20세기 중반 이후 진행된 학교교육 개혁의 흐름, 그에 대한 평가 및 미래 전망과 관련해 최근 번역되어 나온 하그리브스와 셜리(Hargreaves & Shirley, 2009)의 『학교교육 제4의 길: 학교교육 변화의 역사와 미래방향(*The Fourth Way: The Inspiring Future for Educational Change*)』은 좋은 참조점이 된다. 저자들은 20세기 말 기든스(Giddens)가 이론적 기초를 놓고 영국의 블레어 총리와 독일의 슈뢰더 총리가 공동선언으로 발표했던 제3의 길에 착안했다. 그들은 기든스의 저서 『제3의 길(*The Third Way*)』의 내용에 근거해 제2차 세계대전 이후 학교교육 부문에서 나타난 세 가지 변화의 길과 그 한계를 설명 · 비판하고, 새로운 '학교교육 제4의 길'의 기본 원칙을 제시하고 있다.

그들에 따르면, 제1의 길은 주로 1960년대와 1970년대 초 국가의 지원이 풍부하고 교사의 자율성이 넘치며 혁신이 일어나긴 했지만 일관성이 부족했던 길이며("자유분방한 진보주의 구호 아래 교사들이 자의적이고 직관적으로 교육을 일관성 없이 이끌어 가던 제1의 길"), 제2의 길은 1980년대 후반부터 그 흐름이 거세게 나타난 것으로 시장주의 경쟁이 강하게 도입되고 국가가 교육의 표준화를 추구하면서 교사의 자율성이 상실된 길이다("교원의 전문성 신장에 막대한 제약을 가하면서 새로운 시도에 대해 고민하고 판단하려는 자발적 시도들을 원천봉쇄했던 제2의 길"로, 하향식 사전 규제와 표준화 시대). 제3의 길은 시장주의의 장점에 국가 교육의 풍부한 지원을 결합하여 교사가 자율성과 책무성 사이에서 균형을 잡을 수 있도록 했던 길이다(Hargreaves & Shirley, 2009: 19-20). 그러나 저자들은 교육 분야에서 제3의 길은 중앙집권체제, 기술주의 체제, 형식적 열정이라는 위력적인 세 방해 요인으로 인해 경로를 이탈하고(Ibid., 119), '과도한 정부 통제'의 문제를 낳았다고 진단한다(Ibid., 122). 이러한 진단에 기초해 저자들이 제안하는 제4의 길은 시장 논리와 정부 논리를 넘어서는 새로운 길을 모색한다는 의미에서 제3의 길과 중요한 공통점이 있지만, 그 길은 더 이상 협소한 학습목표를 제시하고 이를 달성하도록 학교를 중앙집권적으로 통제하려 하지 않고, 민주적이고 전문적인 길을 추구한다는 점에서 제3의 길과 분명히 결별하는 것이라는 점을 강조한다(Ibid., 245).

자유시장 체제의 신뢰가 붕괴하고 개인의 불안감이 팽배하며, 공동의 선을 추구하기 위해 모든 공동 자원을 결집해야 할 때, 우리가 시장과 표준화만을 중요시 여기는 '제2의 길'에 있다면, 또는 중앙집권, 기술주의, 형식적 열정의 길에 잘못 들어선 '제3의 길'에 있다면 우리는 한 발짝도 더 앞으로 나갈 수 없을 것이다. 우리의 미래를 고삐 풀린 시장 근본주의의 방만함과 중앙집권적인 정부 통제라는 오만함에 더 이상 맡겨서는 안 된다(Ibid., 169).

저자들이 제안하는 '학교교육 제4의 길'은 열정 있는 교육자들, 참여하는 대중, 안내는 하지만 통제는 하지 않는 정부라는 3자가 공공 분야와 교육이라는 공공선을 함께 추구하고 향상시켜 나가기 위해 파트너십을 맺어 활발하게 상호작용하는 길이다. 그 길은 '사회와 학교에 중요하고, 포괄적이며, 진취적인 비전', '이러한 비전에 근거한 학습과 성취를 우선적으로 고려', '능력 있는 교사들을 유인하고 유지', '신뢰, 협동, 책임감 있는 직업 문화', '데이터보다는 구체적인 증거에 기반한 변화', '지역사회와 학교 사이의 상호 신뢰를 바탕으로 한 긴밀한 관계', '동료 교사들 간 그리고 멘토와 함께하는 네트워크', '잘하는 곳이 못하는 곳을 도와주는 혁신 지향의 문화', '지역공동체의 개발, 참여, 역량 부여와 위임'을 중요하게 여긴다(Ibid., 168-169). 이 점에서 그들은 제4의 길이 탄탄한 경쟁력 위에서 번영하는 지식사회를 구축하고, 불의와 불평등을 제거하며, 교사의 전문성과 진정성을 회복하고, 각 지역과 전 사회에 유대감과 통합의 가치를 확립하는 일 등에 있어서 이전의 어떤 노선들보다도 더 적합한 이론이라고 말한다(Ibid., 175). 제4의 길을 실천하기 위한 이론의 구성요소를 간략히 표로 정리해 소개하면 다음과 같다(Ibid., 173-244).

제4의 길을 실천하기 위한 구성요소

구성요소	핵심 내용
변화의 목적과 파트너십을 떠받치는 여섯 가지 기둥	영감을 주고 통합을 이끄는 비전
	시민의 적극적인 참여
	성취를 위한 투자
	교육에 대한 기업의 사회적 책임
	변화의 파트너로서의 학생
	사려 깊은 교수 · 학습
변화의 동력이 되는 교사 전문성의 세 가지 원칙	질 높은 교사
	적극적이고 강력한 교원단체
	활발한 학습공동체
변화를 지속시키고 통합시키는 네 가지 촉매	지속가능한 리더십
	통합적인 네트워크
	책무성에 우선하는 책임감
	다양성의 존중

이상의 논의를 우리 현실에 대입해보면, 우리 학교교육은 1995
년 5.31 교육개혁안 발표 이래 본격적으로 제2의 길에 들어섰다
고 할 수 있다. 이후 민주주의와 시장경제의 병행 발전이라는 구
호 아래 제3의 길이 모색되기도 했으나, 여전히 대부분의 학교교
육은 시장화와 표준화, 책무성을 강조하는 제2의 길에 머물러 있
다. 거기에 최근의 교과서 채택 개입이나 국정교과서 부활의 움
직임, 교원단체에 대한 통제 등 교사 전문성과 자율성에 대한 통
제는 저자들이 제3의 길의 실패로도 진단하는 '과도한 정부 통제
의 길'에서 우리가 여전히 벗어나 있지 못하다는 사실을 말해준
다. 이러한 상황에서 '학교교육 제4의 길'을 우리 미래의 학교교육
이 지향할 하나의 유의미한 참조점으로 삼을 수 있다면, 센트럴

파크이스트 중등학교가 가진 의의를 제4의 길과의 연관성 속에서 다음과 같이 평가해볼 수 있을 듯하다.

첫째, 센트럴파크이스트 중등학교는 제4의 길이 중시하는 민간, 교육계, 정부 간의 평등하고 상호 소통적인 파트너십 구축(Hargreaves & Shirley, 2009: 173)을 선취하고 있었다. 그 학교는 학생들, 교직원들, 학부모들, 그리고 더 큰 공동체 사이의 협력과 상호 존중을 민주적 실험의 일부로 간주한다. 본문에서 언급하지 못했지만 센트럴파크이스트 중등학교 탄생의 모태인 센트럴파크이스트 초등학교의 성공 뒤에는 당시 학교 설립을 제안했던 뉴욕 시 제4학교구 교육장 알바라도(A. Alvarado)와의 협력적 파트너십이 무엇보다 중요하게 작용했었다. 그러나 이후에 그러한 파트너십의 한부분이 깨지면서 학교의 개선(improvement)과 혁신(innovation)은 중단되고 말았다. 초등학교와 달리 중등학교는 정부 담당자가 바뀌고 설립자 마이어마저 학교를 떠난 이후, 뉴욕 주졸업시험과 낙오방지법이 요구하는 표준화 시험의 압박 속에서 결국 전통적 학교의 모습으로 회귀하고 만 것이다. 이는 향후 우리 학교교육에 대한 개혁과 혁신을 진행하는 데 있어 '열정 있는 교육자들', '참여하는 대중', '안내는 하지만 통제는 하지 않는 정부' 3자 간의 협력적이고 상호 소통적인 파트너십 구축과 유지가 무엇보다 필요하다는 점을 시사한다.

둘째, 제4의 길은 개인의 필요에 맞춘 교육이 "비즈니스 세계의 고객 맞춤화 전략과 유사한 의미"로 이해되지 않게 용기, 배려, 섬김, 희생, 장기적인 헌신, 인내 등의 가치와 더 깊은 미덕을 포용할 수 있어야 한다는 사려 깊은 배움과 가르침(Hargreaves & Shirley, 2009: 197-205)을 강조한다. 센트럴파크이스트 중등학교의 작업 습관과 감정의 습관의 강조는 그러한 사려 깊은 배움과 가르침에 대한 하나의 전형을 보여준다. 이 학교는 경이감을 불러일으키는 학교, 배움의 열정을 창조하는 학교를 지향한다. 이를 위해 이 학교는 '개인의 필요에 맞춘' 교육을 차용하고, (지성적) 마음의 습관뿐만 아니라 책임감, 약속 이행 등의 노동 윤리와 관련된 작업 습관, 배려와 동정심 같은 감정의 습관을 함양하는 것에 기초한 교육과정, 주제 중심의 통합교육과정, 그리고 '적게 가르치는 것이 많이 가르치는 것이다'라는 기치 아래 단순하게 편성된 교육과정, 학예발표회와 포트폴리오에 기초한 참평가의 실제를 보여주었다. 이것을 제4의 길이 지향하는 '영감을 주고 통합을 이끄는 비전에 근거한 학습과 성취를 우선적으로 고려한 것'으로 평가할 수도 있을 것이다. 이는 우리가 현재의 암기식 · 주입식 수업이나 철저히 구획되어 진행되는 교과 수업, 표준화된 평가, 다품종 소량 생산 시대에 걸맞는 맞춤형 인간을 위해 요구되는 개별화 수업의 한계를 극복하는 사려 깊은 가르침과 배움에 대한 구체적인 실제가 무엇일 수 있는지를 시사한다.

셋째, 제4의 길은 "지속가능한 교육 혁신이라면 교사를 무시하거나 우회해서 구상할 수 없다"는 말로 교사를 변화의 동력으로 보면서 교사의 전문가 의식을 높이 끌어올리는 것을 중요한 과제로 삼는다. 이는 미래에 걸맞는 학교 혁신을 위해서는 정부 정책에 대한 의무 준수 및 충성을 요구하는 관료적 문화에서 시급히 벗어나, 그들의 전문성과 교원단체 활동의 인정과 보장, 자율적 학습공동체 조성이 필요하다는 점을 시사한다. 센트럴파크이스트 중등학교는 교사들이 학교 혁신의 동력일 수밖에 없다는 점에서 교사의 전문성과 그들 간의 '동료성'(collegiality)을 매우 중시한다. 이 학교는 하향식 혁신이 아닌 교사 스스로가 움직이는 상향식 혁신의 전형을 보여줌으로써 교사들에게 학교 혁신의 주도권을 주고 그들로 하여금 민주적 대화와 협력 속에서 의사결정을 해나갈 수 있게 하는 것이 중요하다는 점을 보여주었다. 이 학교의 구조는 교사들이 서로의 수업을 참관하고 자신과 동료의 실천을 성찰할 수 있고 교사들이 서로에게 피드백과 지원을 제공할 수 있게 조직되어 있다(Meier, 1995: 121-122). 그러면서 교사들은 자신의 실천에 대한 지지와 비평이 상호 배타적이지 않다는 점을 이해하면서 공동의 작업에 책임을 진다. 이는 분명 교사들 간의 인위적인 협력 관계와는 구분되는 것으로 자발적 학습공동체를 형성한다. 미국의 교육개혁사를 연구한 타이악과 큐반의 다음과 같은 지적 역시 이러한 하향식 혁신의 필요성을 잘 대변해준다.

학교교육은 과거에도 그랬고 지금도 그런 것처럼 미래에도 주로 학교에서 일하는 현직 교사들의 확고하면서도 반성적인 노력과 (비난하면서도) 공교육을 지지하는 학부모들 및 시민들의 기여로 나아질 것이다. 이것이 기본적인 상식으로 보인다. 그러나 고위 정책가들은 최근 들어 개혁을 계획할 때 종종 교사들을 무시하며 오늘날 학교가 어떤지에 대한 그들의 생각을 고려하지 않는다(Tyack & Cuban, 1995: 230).

넷째, 제4의 길이 요구하는 리더십은 '다른 사람들에게 등을 돌리게 하거나 경외감으로 거리를 두게끔 하는 리더십이 아니라 든든한 어깨와 같이 우리의 의식과 기분을 고양하는 지속가능한 리더십인 일종의 분산형 리더십'이다(Hargreaves & Shirley, 2009: 221-228). 센트럴파크이스트 중등학교가 성공하는 데 있어 설립자이자 공동교장의 역할을 맡았던 마이어는 몸소 그러한 분산형 리더십을 보여주었다. 그녀는 남성 중심의 영웅적 리더십을 비판하면서 동료 교사들 각자가 평등하게 책임을 지고 존중하는 학교 환경을 창조하는 것으로 학교 리더로서 교장이 갖는 역할을 달리 설정했다. 그러나 그녀가 중등학교를 떠난 이후 그녀와는 사뭇 다른 리더십으로 인해 그 학교는 마이어 시대의 학교 모습을 잃어버렸다. 이는 미래를 위한 학교 혁신에 대한 지속성과 구성원 간의 통합을 위해서는 무엇보다 그것을 끌고가는 리더십이 중요하다는 점을 우리에게 시사한다. 이는 다른 한편으로 리더십의 변화 같은 내·외부 조건에 휘둘리지 않을 만큼의 확고한 학교교육의 철학과 조직 문화의 정착이 필요하다는 점을 말해준다.

다섯째, 제4의 길은 또한 변화를 추진함에 있어 같은 일에 종사하는 사람들이 서로 관계를 맺고 그러한 관계를 통해 지식을 서로 공유하고 전파하는 방법으로서 네트워크 구축을 중시한다(Hargreaves & Shirley, 2009: 228-233). 센트럴파크이스트 중등학교는 홀로 고립된 채 개별 학교로 존재하지 않고 1984년 창설된 진보적 교육 단체인 본질적학교연합(Coalition of Essential Schools)과 1994년 창설된 협동교육센터(Center for Collaborative

Education)의 회원 학교였다. 타이악과 큐반의 다음의 말은 이러한 네트워크 구축의 중요성을 잘 뒷받침한다.

> 교사들에 대한 시간 및 노력과 관심에 대한 제도적인 요구로 인해 교사들이 새로운 제도적인 실천을 적용하고 개발하기 위해서는 도움이 필요하다. 몇 가지 변화들은 홀로 만들기가 매우 힘들다. 예를 들어 매력적인 새로운 교육과정과 학습 양식을 개발해서 지역에 맞게 적용하는 것은 협력을 필요로 하는 대단히 어려운 작업이다. 협력을 통하여 참가자들은 활기가 넘치게 되며 새로운 의견에 노출되면서 우호적인 분위기에서 교수법의 위험을 기꺼이 감수할 정도로 고무될 수 있을 것이다(Tyack & Cuban, 1995: 236).

이는 우리 학교교육을 혁신하는 데 있어 무엇보다 협력적 네트워크 같은 교사 및 학교들 간의 연대체 구축이 함께 병행될 필요가 있다는 점을 시사한다.

끝으로, '학교교육 제4의 길' 모색 등 미래 학교에 대한 논의는 미래 사회체제에 대한 전망(미래 정부의 정책과 지향점)을 고려하지 않은 채 논의될 수 없다는 점을 지적하고 싶다. 이는 그간 몇 가지 드문 예외를 제외하면 학교가 결코 사회적 진보의 선두에 서 있지 않다는 점과 학교의 성숙이 가정, 사회, 정치적 환경에 의해 거의 직접적으로 조건화된다는 점을 우리의 경험들을 통해 보여 주기 때문이다. 학교가 언제나 그 사회의 결과를 뒤늦게 뒤따라 간다는 것은 다소 유감스러운 일이지만, 그 지체를 단축하는 것이 바로 혁신을 추구하는 미래 학교의 임무일 수 있다(Freinet, 1994:

21). 이는 미국의 교육개혁사를 연구한 타이악과 큐반(1995: 187)의 문제제기와도 관련된다. 그들은 학교교육의 기본틀을 바꾸는 것이 어려운 이유 중 하나를 교실, 소규모 학교, 학교, 학군 등에서의 개혁이 그보다 더 큰 상호 보완적인 체계 안에서 일어나기 때문이라는 점을 지적한다. 예컨대 실험학교 교사들이 '적게 배우는 것이 더 많이 배우는 것'이라고 믿으면서 학생들의 깊은 이해를 위해 가르쳐야 한다는 데 동의하더라도 대학 입학 제도, 주와 학군에서의 규제와 표준화된 수업 시간표 등이 그것을 방해할 수 있다고 보기 때문이다. 마이어 시대 이후 센트럴파크이스트 중등학교가 초창기 정신을 잃고 과거의 낡은 방식으로 회귀하게 된 것이 이를 증명한다. 이에 타이악과 큐반은 실험을 자유롭게 하기 위해서는 정치적 조직적인 감각과 집단 행동이 필요하다는 점을 지적한다. '학교교육 제4의 길'을 제안하는 하그리브스와 셜리(Hargreaves & Shirley, 2015: 246) 역시 사회에 영감을 불러일으키고 사회 통합을 이끄는 비전을 제시하고, 그것이 교직으로 인재를 모으고 교직원에게 공적 지위를 부여하며, 그 일에 학부모와 시민사회 및 기업이 적극적인 파트너로 참여하게 해 그들 모두가 다음 세대의 교육에 대해 공동의 책임을 지게 하는 것은 탄력 있는 사회민주주의(social democracy) 체제에서 원활할 수 있음을 언급한다. 이에 '학교교육 제4의 길' 같은 우리 미래 학교교육에 대한 전망과 실천은 필히 미래 사회체제에 대한 전망과 그것과의 관련성 속에서 함께 고민되어야 할 것이다.

박종철(2013). 혁신학교 교사의 민주적 의사소통 경험에 관한 연구. 서울대학교, 석사학위논문.

성열관(2004). "마그넷스쿨을 통한 교육과정 혁신 방안 고찰: 뉴욕 센트럴파크이스트 중등학교(CPESS) 사례를 중심으로". 경희대학교 교육발전연구원, 교육발전연구, 제20권 제1호, 89-105.

정훈(2014a). 교육의 역사적 기초. 김민희 외 7인 저. 교육학의 이해. 서울: 학지사, 39-59.

____(2014b). "센트럴파크이스트 중등학교 사례가 우리 학교 혁신에 주는 시사점." 한국교육사상연구회, 교육사상연구, 제28권 제2호, 93-117.

____(2008). "교육 시장화 정책의 전제에 대한 비판적 검토". 한국교육철학학회(구 교육철학회), 교육철학연구(구 교육철학), 제43집, 152-172.

佐藤學(사토 마나부)(2000). 學びから逃走する子どもたち. 손우정·김미란 역(2003). 배움으로부터 도주하는 아이들. 서울: 북코리아.

苅谷剛彦(가리야 다케히코)(2002). 教育改革の幻想. 김미란 역(2004). 교육개혁의 환상. 서울: 북코리아.

Apple, M. W(2001). *Educating the "right" way: markets, standards, God, and inequality*. 성열관 옮김(2003). 미국교육개혁, 옳은 길로 가고 있나. 서울: 우리교육.

Darling, J. & Nordenbo, S. E.(2003). "Progressivism". In Nigel Blake et al.(eds.). *The Blackwell Guide to Philosophy of Education*. London: Blackwell, 288-308.

Davis, B.(2004). "Deborah Meier and Central Park East Secondary School, East Harlem", New York. *Teaching tough kids: What we can learn from five provocative educators*. Toronto: Our Schools/Our Selves, 89-120.

Duckor, B. & Perlstein, D.(2014). "Assessing Habits of Mind: teaching to the test at Central Park East Secondary School". *Teachers College Record* Vol. 116(020301), 1-33.

Dewey, J.(1916). *Democracy and Education*. New York: Macmillan. 이홍우 옮김(1990). 민주주의와 교육. 서울: 교육과학사.

Engel. M.(2000). *The struggle for control of public education*. Temple University Press.

Freinet, C.(1994). *ŒUVRES PÉDAGOGIQUES*. TOME II. Paris: Seuil.

Giroux, H. A.(1999). *The Mouse That Roared: Disney & the End of Innocence*. 성기완 옮김(2001). 『디즈니 순수함과 거짓말』. 서울: 아침이슬.

Hargreaves, A. & Shirley, D. (2009). *The Fourth Way*. California: Corwin. 이찬승 · 김은영 옮김(2015). 학교교육 제4의 길. 서울: 21세기교육연구소.

Knoester, D, M.(2010). Inside the Mission Hill School: Democratic education in a non-utopian setting. Doctoral Dissertation of University of Wisconsin–Madison.

Levin, T.(2001). "THEODORE R. SIZER 1932~", In J. A. Palmer(ed.). *Fifty Modern Thinkers on Education: From Piaget to the Present Day*. London & New York: Routledge, 242-243.

Lloyd, D. I.(1976). "Traditional and progressive education". D. I. Lloyd(Ed.). *Philosophy and the teacher*. London: Routledge & Kegan Paul, 89-100.

Meier, D.(2009). "Democracy at Risk". *Educational Leadership* Vol.66. No 8, 45-49.

_____, D.(2002). *In schools we trust: Creating communities of learning in an era of testing and standardization*. Boston: Beacon Press. 서용선 옮김(2014). 우리가 신뢰하는 학교, 어떻게 만들 것인가?. 서울:

맘에드림.

Meier, D.(1996). "The big benefits of smallness". *Educational Leadership* Vol.54. No 1, 12-15.

_____, D.(1995). *The power of their ideas: Lessons for America from a small school in Harlem.* Boston: Beacon Press. 정훈 옮김(2014). 아이들이 가진 생각의 힘. 서울: 맘에드림.

_____, D. & Schwarz, P. (1999). "Central Park East Secondary School : The hard part is making it happen". In M. W. Apple & J. A. Beane (eds.). *Democratic schools: lesson from the chalk face.* Buckingham: Open university press, 30-47.

Raywid, M. A.(1999). "Central Park East Secondary School: The Anatomy of Sucess". *Journal of Education for Students Placed at Risk* Vol.4. No 2, 131-151.

Semel, S. F. & Sadovnik, A. R.(2008). "The Comtemporary Small-School Movement: Lessons from the History of Progressive Education". *Teachers College Record* Vol.110. No 9, 1744-1771.

Tyack, D. & Cuban, L. (1995). *Tinkering toward Utopia.* Harvard University Press. 권창욱 · 박대권 옮김(2013). 학교 없는 교육개혁. 파주: 럭스미디어.

http://insideschools.org/high/browse/school/187

한국 혁신 중학교[1]
― 소통으로 도약하는 한국의 혁신학교 ―

유병규

1. 꽉 막힌 한국 학교의 현실과 혁신학교

한국 사람이라면 누구나 알고 있다. 한국의 교육이 얼마나 문제가 많은지를 말이다. 그 누구에게 물어봐도 무엇이 문제인지는 다 안다. 하지만 이상하게도 그 누구도 쉽게 해법은 제시하지 못하고 있다. 이미 여러 가지 교육개혁 정책들이 다양한 영역에서 시행되었지만 우리 교육의 현실은 조금도 나아지지 않았다. 선거 때마다 거의 매번 교육 관련 공약들이 나오고 시행되고 있지만 성과를 내지 못하고 있다. 이런 상황에서 최근 각 지역의 진보 교육감들이 공약으로 내세웠던 혁신학교가 학교 현장을 새롭게 바꾸

1. 이 글은 2011년도 정부재원(교육과학기술부 사회과학연구지원사업비)으로 한국연구재단의 지원을 받아 연구되었음(NRF-2014S1A3A2044609).

고 우리 교육을 혁신하는 성과를 내고 있어 주목받고 있다.

혁신학교는 공교육 정상화를 위해 입시 위주 교육과 주입식, 암기식 교육에서 탈피하여 학생 중심의 창의, 인성 교육을 실현하는 모델 학교이다. 경기도에서 처음 시작되어 이후 서울, 강원, 전북 등 진보 교육감이 당선된 지역으로 확대되어 왔으며, 현재는 17개 시도 교육청 중 대전, 대구, 울산을 제외한 13개 시도 교육청에서 시행되고 있다. 혁신학교는 초중등교육법 제 61조에 근거한 교육감이 지정하여 운영할 수 있는 자율학교로 중앙정부가 아니라 지역의 시도 교육청에서 추진하고 있는 정책이다. 그래서 혁신학교는 지역의 특성과 상황에 따라 다양한 유형으로 운영되고 있다.

혁신학교는 교육청이 구체적인 지침을 주고 명확히 특정한 모델로 제시하여 운영하는 학교가 아니라 학교 구성원들이 자발적으로 참여와 소통을 통해 각각의 학교의 상황에 맞는 혁신 과제를 가지고 학교를 개혁해가는 모델 학교이다. 이러한 혁신학교의 특징이 바로 혁신학교의 성공 비결이기도 하다. 그동안의 교육정책들은 중앙정부인 교육부에서 각급 학교로 하달하여 추진해온 상명하달식 정책들이었다. 반면 혁신학교는 교육청에서는 지원만 해줄 뿐이다. 혁신학교를 구체적으로 어떻게 운영하고 어떤 방향으로 만들어갈 것인지는 전적으로 해당 학교의 구성원들이 결정하여 시행한다. 단위 학교의 구성원들이 직접 참여하고 직접 고민하고 계획하여 추진하는 만큼 구성원들의 참여율이 높고 그만큼 성과도 빠르게 나타나고 있다. 현장과 괴리된 교육부의 정책이 현장에서 형식적으로 시행되거나 제대로 시행되지 않음으로 해서 대부분 실패한 반면 학교 현장에서 직접 고안하고 실천하는 혁신학교는 구성원들의 자발성을 바탕으로 의미 있는 성과를 보이고 있는 것이다.

혁신학교가 학교 현장을 효과적으로 변화시킨 주된 요인은 소통이라고 할 수 있다. 그동안의 교육정책은 학교 현장과 소통하지 못한 채 일방적으로 추진되었다. 학교 현장은 지금 어떤 상황인지, 그 정책이 이러한 학교 현장에서 어떻게 시행될지 등에 대한 고려가 미미한 채 하달식으로 단위 학교에 전달되다 보니 정작 학교 현장에서는 해당 정책에 대한 올바른 이해나 의지 없이 형식적으로 진행되는 경우가 많았다. 반면 혁신학교는 학교 구성원 50퍼센트 이상이 찬성을 해야만 신청할 수 있을 정도로 학교 현장의 소통과 협력을 중요시하고 있다. 혁신학교에서는 현재의 학교 현장이 관료 체계로 꽉 막힌 구조와 문화를 가지고 있다고 보고 이를 개선하는 데 초점을 두고 있다. 관리자를 중심으로 한 관료 체계는 학교가 세운 것을 시도하고 교육을 개혁하는 데 걸림돌이 된다고 인식하고 학교 구성원들의 다양한 소통 구조와 협의를 위한 민주적 운영 구조를 가장 기본적인 혁신 과제로 제시하고 있는 것이다. 혁신학교는 관리자와 교사, 교사와 교사, 교사와 학생, 학생과 학생, 교사와 학부모, 학생과 학부모 등 학교의 구성원들이 소통을 통해 자발적으로 바꿔가는 교육을 추구하고 있다. 이에 이 글에서는 혁신학교를 소통의 관점에서 살펴보고자 한다.

2. 교사의 자발성을 업그레이드하다

많은 한국 학교들이 단절된 교사 문화와 관료적 위계적 조직 구조로 운영이 되고 있다. 교장과 교감을 중심으로 지시하는 업무를 처리하고, 각자에게 주어진 수많은 잡무로 교사들은 눈코 뜰 새 없이 바쁘게 학교 생활을 한다. 그러다 보니 교무실은 각자의 업무를 처리하느라 바쁜 모습으로 조용하다. 서로에게 혹시나 피해가 될까 싶어 다른 사람에게 물어보거나 도움을 요청하기보다는 스스로 일을 처리하고 서로의 일에 간여하지 않는 것이 보통의 모습이다. 교무 회의는 늘 교장, 교감의 지시 사항의 일방적 전달만 있을 뿐 협의란 찾아보기 힘들다. 설령 협의가 이루어진다고 해도 대부분 결론은 교장의 의사에 의해 결정된다.

혁신학교는 이처럼 단절되어 있고, 관료적인 학교를 소통의 문화, 민주적 운영 구조로 바꿔나감으로써 교사들의 자발성을 끌어올리고 있다.

일상적 소통을 위한 학년부 체계의 학교 조직

학년부 체계 VS 부서 체계

일반적인 학교에서 교사들의 자리는 주로 교사가 맡은 업무에 따라 부서별로 배치된다. 학생부실처럼 별도의 부서 공간이 있는 부서의 교사들은 해당 부서실에 배치되고, 나머지는 교무실 내에 부서별로 배치된다. 이러한 구조는 학교에 주어진 행정 업무를 효율적으로 처리하기 위한 것이다. 그렇기 때문에 업무를 처리하는 데 있어서는 효율적이다. 부서별로 자리 배치가 되어 있어 관련 업무를 협의하거나 처리하는 데에 용이하다.

하지만 이러한 구조는 학년별로 수업이나 학생 지도와 관련해서 논의하기에는 비효율적인 구조다. 어느 어떤 학생에 대한 정보를 공유하거나 혹은 동학년, 동교과 협의를 하거나 서로 상의할 것이 있을 경우 부서별로 여기저기 흩어져 있는 교사들을 찾아다녀야 하기 때문이다. 물론 간단한 것은 전화나 메신저를 통해 물어보거나 협의하기도 하지만 일상적인 소통은 쉽지 않다. 정기적으로 학년별 회의나 동교과 회의가 있더라도 협의 이외에 일상적 소통은 어렵다. 그러다 보니 교무실에선 업무 관련 대화는 쉽게 볼 수 있지만 학생들 관련 대화나 수업과 관련한 대화는 찾아보기 힘들다.

그래서 최근에는 업무 중심의 부서 체계가 아니라 학년부 체계로 교사들의 자리 배치가 이루어지는 경우도 있다. 대표적으로 혁신학교들이 이러한 구조로 학교 체계를 바꾸었다. 교사들의 핵

행정 업무 중심의 일반적 학교 조직 체계

심적인 업무인 수업과 학생 지도를 보다 효율적으로 할 수 있도록 한 것이다. 혁신학교에서는 기본적으로 담임교사들을 별도의 학년별 교무실에 배치하고 비담임 교사들은 기존의 행정 업무 중심의 부서별로 배치하고 있다. 이렇게 하여 학년별 담임교사들은 수업과 학생 지도에 전념하게 하고 비담임 교사들은 행정 업무를 전담하는 형태로 운영한다. 이러한 배치는 일상적으로 같은 학년의 일을 협의하기 용이하다. 동학년 교사들이 같은 학년 교무실에 모여 있다 보니 해당 학년에서 일어나는 일들이나 학생들에 대한 정보를 보다 쉽게 공유할 수 있게 된 것이다.

학년부 체계로의 전환은 단순히 교사들의 자리 배치를 바꾸고 학년 교무실을 설치하는 것 이상의 의미가 있다. 학교의 운영이 행정 업무 중심에서 수업 및 학생 지도 중심으로 변화하는 것이기 때문이다. 학년부가 중심이 되고 기존의 행정 업무 중심의 부서는 교무 지원부라는 체계의 하위로 들어가 수업 및 학생 지도를 원활하게 할 수 있도록 지원해주는 역할로 변화하는 것이다. 이것은 그동안 교육기관인 학교가 교육보다는 행정에 더 치중해왔

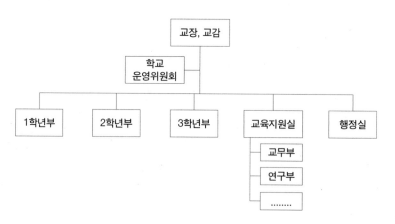

학년부 중심의 혁신학교 조직 체계

교장, 교감

학교 운영위원회

1학년부 | 2학년부 | 3학년부 | 교육지원실 | 행정실

교무부

연구부

....

던 관행을 깨고 그 본연의 역할에 충실하기 위한 변화의 시작이다.

수업과 아이들 이야기로 대화 주제가 변하다

행정 업무 중심의 부서 체계에서 학년부 체계로 바뀌고 나서 나타나는 눈의 띄는 현상이 있다. 바로 교사들의 대화가 바뀌었다는 것이다. 일반적으로 학교에서 교사들이 나누는 대화를 살펴보면 의외로 수업이나 아이들에 대한 대화는 그리 많지 않다. 그런데 학년별 교무실에 동학년 교사들이 모인 자리 배치만으로도 교사들의 대화에서 수업과 아이들 이야기가 중심이 되기 시작했다. 일단 가장 기본적으로는 동학년 학급 및 학생들의 정보 공유가 일상적으로 일어난다.

"오늘 ○○반에 무슨 일이 있어요? 수업 분위기가 어수선하니

잘 안 잡히네요."

"어머, 선생님 수업 때도 그랬어요? 내가 수업 들어갔을 때도
그랬는데."

"오늘 이런 일이 있었거든요."

별것 아닌 것 같지만 학급 분위기부터 학생 개개인에 대한 이야
기까지 일상적인 수업과 학생들에 대한 이야기가 자연스럽게 공
유되기 시작한 것이다. 부서별로 여기저기 흩어져 있을 때는 보
기 힘들었던 대화이다. 부서별로 있을 때는 동학년이 아니기에
그저 "오늘따라 아이들이 집중을 못해서 힘들었어요." 하고 어려
움을 토로하는 수준에서 대화가 끝나기 일쑤였다. 동학년이 아닌
이상 그 상황을 다른 교사들이 이해하고 함께 공유할 정보나 해결
책이 없기 때문이다. 하지만 학년 교무실에 동학년 교사들이 함
께 모여 있게 되면서부터 왜 그 반이 오늘 그런 분위기였는지 담
임교사를 통해 혹은 이전에 수업했던 다른 교사들을 통해 정보를
얻을 수 있고 서로 공유된 정보를 통해 해결책도 모색할 수 있게
된 것이다. 또한 이러한 정보 공유가 누적이 되면서 교사들의 학
생들에 대한 이해 수준이 높아지게 되었다. 기존에는 교사 한 명
이 자신만이 알고 있고 경험한 선에서 아이들을 파악했다면 이러
한 일상적 대화 속에서 다른 교사의 눈으로 본 학생들의 정보를
통해 보다 다양하고 정확한 정보를 얻을 수 있게 된 것이다.

혁신학교에서 근무하는 교사들에게 일반 학교에서 근무할 때
와의 차이를 물어보면 수업이나 아이들에 대한 대화가 일상적으

로 이루어진다는 이야기를 한다. 오늘 수업이 어떠했고 오늘 아이들이 어떠했는지, 그리고 그 아이가 내 수업에서는 이러했는데, 다른 과목 수업에서는 저러하다는 등의 정보가 공유되고, 그렇게 학생들에 대해 보다 정확히 알아가면서 대처 방법이나 해결책도 보다 쉽게 찾을 수 있게 된 것이다. 그렇다 보니 학년 교무실에선 늘 교사들이 자신의 수업 이야기나 학생들 이야기를 나눈다. 예전엔 그런 이야기를 나누려면 동학년 교사를 찾아가서 나누어야 하는 구조였고, 또 굳이 찾아가서 어찌 보면 그저 일상적인 학생들에 대한 이야기를 할 정도는 아니기에 그런 노력이 없었다. 하지만 자연스럽게 동학년 교사들이 모여 있으니 자연스럽게 이러한 대화가 오가는 것이다.

또한 교육과정 협의나 수업 관련 협의가 일상적으로 이루어질 수 있게 되었다. 최근에 교육과정 재구성이나 융복합 수업에 대한 요구가 높아지고 있다. 그러면서 교사들이 교육과정을 분석하고 재구성하여 수업을 진행하거나 다른 교과와 협력해서 융복합 수업을 진행하기도 한다. 하지만 이런 활동은 기존의 부서 체계에서는 여러 가지로 어려움이 많았다. 일단 기본적으로 해당 학년 교사들이 부서별로 여기저기 흩어져 있어 교육과정 협의를 하든, 수업 협의를 하든 일단 모이기가 힘든 구조였다. 일과 중에는 수업 때문에, 수업 후에는 각종 업무 때문에 동학년 교사들이 혹은 동학년 동교과 교사들이 모이기는 쉽지 않았다. 하지만 혁신학교에서는 학년부 체계로 운영을 하면서 이러한 문제도 쉽게 해결되었다. 동학년 교사들이 한곳에 모여 있다 보니 자연스럽게 협의가 가능해진 것이다. 협의 시간을 미리 잡지 않아도 모두가 있으면 짧게라도 바로 협의하고 논의할 수 있게 된 것이다. 그러다 보니 교육과정을 재구성하거나 융복합 수업을 진행하는 일도 훨씬 수월해졌다.

동학년 교사들이 모여 있다 보니 각 교사들이 어떤 수업을 준비하고 있는지도 일상적으로 쉽게 공유한다. 각 교사들이 수업을 준비하는 모습을 일상적으로 보기 때문에 지금 이 교과에서 어떤 내용의 수업을 하는지, 어떤 방식으로 수업이 운영되는지를 수업 참관을 하지 않아도 기본적인 수준에서 알 수 있게 된 것이다. 이러한 정보는 융복합 수업을 설계할 때 많은 도움을 준다. 서로 비슷한 내용이나 활동이 파악되면 교사들이 그에 대해 함께 협력하여 수업을 구상해볼 기회가 생기는 것이다.

이렇듯 학년별 교무실에 동학년 교사들이 모여 있는 것만으로도 학교의 소통 구조는 확연히 달라졌다. 학년 교무실에선 일상적으로 아이들에 대한 대화가 오고가고, 수업에 대한 이야기가 자연스럽게 오고가게 되었다. 별것 아닌 내용이고 굳이 다른 교사들을 찾아다니면서까지 해야 할 이야기는 아니지만, 같이 모여 있기 때문에 간단히 나누는 대화지만, 그 대화들이 모여 학생들에 대한 정보, 수업에 대한 정보가 보다 풍부하게 공유되고 그 과정을 통해 학생을 지도할 때나 수업을 할 때 보다 수월하게 할 수 있게 된 것이다. 물론 학년부 체계는 혁신학교에서만 진행하고 있는 것은 아니다 하지만 혁신학교에서는 보다 적극적으로, 가장 기본적으로 소통 구조를 원활하게 하기 위해 학년부 체계를 운영해

가고 있다. 또한 이러한 소통 구조를 통해 학교를 자연스럽게 변화시키고 있다.

소통하는 민주적 학교운영

학교의 교직원 회의를 보면 한국 학교가 얼마나 경직되어 있는지를 잘 알 수 있다. 대부분의 일반 학교의 교직원 회의를 보면 부장 교사들의 업무 사항 공지와 교장, 교감의 훈화(?) 말씀이 이어지고 끝난다. 교사들에게 의견을 묻거나 토의를 하여 안건을 논의하여 결정하는 모습은 찾아보기 힘들다. 이러한 구조는 교사들로 하여금 새로운 시도나 노력을 요구하기보다는 주어진 일을 잘해내는 데에 치중하게 하고 있다. 결국 교장, 교감이 원하는 방향으로 학교는 운영된다. 이러한 경직된 관료 체계는 학교가 가진 문제를 해결하고 새롭게 변화하는 데 걸림돌이 되고 있다.

혁신학교는 이러한 관료적 운영 구조를 민주적 운영 구조로 개편하고 있다. 혁신학교에서 중점적인 혁신 과제 중 하나가 경직된 관료적 운영 체계에서 벗어나 학교 구성원들이 자유롭게 의견을 개진하는 민주적 운영 체계로 개편하는 것이다. 다음 사례는 혁신학교인 경기도 남양주시 호평중학교 교무 회의 모습을 필자가 관찰하고 인터뷰한 내용을 바탕으로 재구성한 것이다. 호평중학교 사례를 통해 학교가 어떻게 민주적으로 운영되는지를 잘 살펴볼 수 있다.

교사들이 학교 연수실에 모였다. 맨 앞 교탁에는 국회에서나 볼 수 있는 의사봉이 놓여있고, 교장이 마치 국회의장처럼 회의를 진행하신다. 교무 회의 개회를 선언하고 교장이 간단히 안건을 설명한다. 오늘 안건은 학교 화장실에 화장지를 비치해두자는 안건이다. 화장실 위생 및 학생들의 편의를 위해 화장실 휴지 비치가 필요하다는 의견이었다. 이 안건은 한 교사가 화장실 갈 때마다 화장지를 찾는 학생들의 불편함을 해결하기 위해 제안한 안건이다. 안건에 대한 설명이 끝나고 교사들이 모둠별로 토의를 진행하였다. 각 모둠에서 갑론을박 토의가 이루어졌고, 교장은 일정 시간이 지난 후 각 모둠에서 토의한 내용을 공유하는 시간을 가졌다. 각 모둠에서는 안건의 취지대로 위생 문제나 불편함 등을 이유로 화장실 화장지 비치를 하자는 의견과 화장지를 비치하면 학생들이 화장지를 가지고 장난을 하거나 낭비할 것을 우려하는 의견 등이 제시되었다. 교장은 이번에는 모둠이 아닌 전체를 대상으로 찬반 의견 각각에 대한 추가 의견을 받았다. 의견이 분분하였지만 화장실에 화장지를 비치하자는 의견이 조금 더 많았다. 그래서 교장은 일단 화장지를 화장실에 상시적으로 비치하고 학생들이 이를 낭비하거나 장난치지 않도록 교육하여 시행해 보고 문제가 고쳐지지 않고 지속되면 그때 가서 다시 논의하여 화장지 비치를 철회하든 다른 방안을 강구하자는 수정 의견을 제시하였고 참석한 교사들은 모두 이 의견에 찬성하였다. 이에 교장은 일단 화장지 비치 후 문제가 발생하면 다시 논의하기로 한 의견으로 이번 안건이 처리되었음을 의사봉을 두드리며 선포하였다.

2013년 2학기 호평중학교 관찰 일지와 인터뷰 중에서

이렇게 호평중학교에서는 교사들이 제안하는 의견이나 계획에

대해 교장이나 부장 교사들이 단독으로 처리하는 것이 아니라 전체 교사들의 토의를 거쳐 결정함으로써 의견이나 계획을 제시한 사람들이 납득할 수 있게 처리하고 있다. 대부분의 학교에서는 새로운 수업 계획이나 외부 활동, 혹은 이런 학교 환경에 대한 건의 사항들이 교장의 의견에 따라 결정되는 경우가 많다. 그러다 보니 예산이 필요하거나 조금이라도 문제가 발생할 수 있는 계획들은 실제 발생 확률이 매우 작더라도 받아들여지지 않는 것이 보통이다. 하지만 호평중학교와 같은 혁신학교에서는 이러한 토의를 거친 민주적 의사결정을 통해 교사들이 자신의 고민과 의견을 보다 자유롭게 제시하게 되었다. 교장이 직접 의사결정에 관여하기보다는 의사결정 과정에서 일종의 의장으로서 조율하고 새로운 방안을 도출하는 역할을 한다. 결국 학교의 구성원 모두가 동등한 권한으로 의사결정에 참여하고 있는 것이다.

다른 일반 학교에서 호평중학교 사례와 같은 안건을 어떤 교사가 기획안을 만들어 올리면, 십중팔구 '아이들이 휴지를 가지고 장난을 칠 것이다.'와 같은 이유로 교장에 의해 그 의견은 받아들여지지 않을 가능성이 높다. 그렇게 의견이 묵살된 교사는 아마 다시는 그와 같은 의견을 학교에 제출하지 않게 될 것이다. 학교가 민주적으로 운영된다는 것은 관리자와 학교 구성원들이 소통하고 구성원들의 요구를 수용하고 지원할 수 있는 방향으로 학교가 운영된다는 것을 뜻한다. 이러한 학교운영은 기본적으로 구성원들의 자유로운 의견개진과 소통을 통해서 가능하다. 그리고 이러한 구조가 확립되었을 때, 교사들의 자발성도 높아진다. 새롭게 제시하는 의견이나 계획이 교장, 교감과 같은 관리자들의 마음에 들지 않으면 받아들여지지 않는 기존의 구조에서는 교사들이 새로운 것을 기획하고 실천하려고 하기보다는 시키는 일만 잘하자는 자세를 취하게 된다.

혁신학교의 민주적 학교운영은 여러 가지 변화를 가져왔다. 가장 큰 특징은 교사들의 자발성 발현이다. 자신에게 주어진 일만 하던 소극적인 교사들이 자신의 일을 적극적으로 찾아 나서고 실행하는 자발성을 보이기 시작한 것이다. 또한 학교 현장의 여러 가지 불편함이나 어려움이 바로바로 제기되고 해결됨으로써 학교의 업무 환경이 크게 개선되기 시작했다. 구성원들의 소통을 통해 관리자가 미처 발견하지 못하거나 생각하지 못했던 사항들이 도출이 되고 해결되기 시작한 것이다. 이런 변화는 업무뿐만 아니라 수업의 변화도 가져왔다. 교사들이 스스로 계획한 다양한 새로운 수업 방안을 제출하고 시행하기 시작한 것이다. 혁신학교에서 교육과정 재구성이나 융복합 수업이 활발히 이루어지는 것도 이러한 민주적 소통 구조가 있기에 가능한 것이다. 특히 다양한 체험형 활동이 요구되는 수업 계획은 학교의 예산 지원이 필요하기 때문에 수업에 대한 합리적인 의사결정과 집행을 위해서 교사들은 보다 능동적으로 의견을 개진하고 계획을 제출게 되었다.

3. 함께 머리를 맞대고 준비하는 수업

지금까지 교사의 수업은 교사 개인이 알아서 준비하고 운영해왔다. 교사들은 연구수업이나 학부모 공개수업과 같이 특별한 경우가 아니면 수업을 공개하여 다른 사람이 자신의 수업을 참관하는 것을 꺼려왔다. 그렇게 수업을 개인적인 활동으로 여겨왔다. 그러다 보니 수업은 교사의 개인적 경험과 역량에 따라 좌우되는 경우가 많았다. 또한 초임 교사의 경우 자신이 수업을 제대로 하고 있는지, 수업에서 발생하는 문제를 해결하기 위해 누군가의 도움을 얻고 싶지만 도움을 얻을 수 있는 곳이 없어 개인적 시행착오를 겪으며 자신의 수업 형태를 완성하지 않으면 안 되었다. 하지만 혁신학교는 수업을 교사 개인에게만 맡기지 않고 함께 고민하고 함께 발전시켜가는 구조로 바꾸었다. 이를 통해 교사 혼자서 해결하지 못했던 수업의 문제, 그리고 새로운 수업 형태에 대해 연구하고 준비하는 것이 가능해졌다.

수업연구회를 통해 함께 만들어가는 수업[2]

일반적인 학교의 풍토에서 수업 공개는 교사들이 가장 꺼려하는 일 중 하나다. 누군가 '나의' 수업을 참관한다는 것 자체가 자신을 평가하는 것으로 여겨지기 때문이다. 실제 공개수업이나 연구수업의 경우 교사의 언행, 수업 기자재 활용 등을 평가하여 해당 교사에게 피드백을 해주고 있다. 문제는 이것이 단순히 해당 교사의 앞으로의 발전을 위한 조언의 성격이라기보다는 해당 교사에 대한 평가의 의미로 진행되는 경우가 많다는 것이다. 그러다 보니 혹시 내가 실수하지 않을까, 내가 하는 수업이 뭐가 부족한 것이 없을까를 걱정하며 좋은 평가를 위해 학생들과 미리 예행연습도 하고 심지어 미리 질문과 답변을 학생들과 정해서 하는 경우도 있다. 공개수업을 한 교사에게 발전을 위한 도움을 주기보다는 그 교사의 수준을 평가하는 형식으로 진행되다 보니 이러한 결과가 나타난다.

혁신학교들 가운데는 사토 마나부 교수가 제시한 '배움의 공동체'를 중심으로 수업을 혁신한 학교들이 있다. 이들 학교들은 공동체성을 강조하면서 수업 공개와 공개수업에 대한 연구회를 일상적으로 진행하고 있다. 이들 학교에서 진행하는 공개수업은 일반적으로 진행하는 공개수업과는 다른 점이 있다.

---

2. 혁신학교의 운영 사례는 지역, 학교에 따라 다양하다. 혁신학교는 명확하게 정해진 틀로 운영되는 학교라기보다는 기존 학교의 문제점을 학교의 상황과 여건에 맞게 개선해가는 것이 특징이다. 이 절의 수업 공개 및 연구회의 사례는 혁신학교의 다양한 사례 중 '배움의 공동체'에 기반하여 수업 혁신을 진행한 사례를 중심으로 기술되었다.

우선, 공개수업을 참관하는 사람은 교사보다는 학생에 초점을 두고 관찰을 한다. 배움의 공동체 수업은 교사의 교수법(teaching)보다는 학생의 배움(learning)에 초점을 두고 있다. 그렇기 때문에 교사의 행동보다는 학생들이 수업에서 어떤 활동을 하고 어떤 것을 배우는가에 초점을 두고 있다. 그래서 참관하는 사람들로 하여금 교사가 어떻게 가르치고 행동하는지보다 학생들이 어떤 활동에서 무엇을 배우는지를 관찰하게 한다. 그리고 이렇게 관찰한 것은 수업연구회를 통해 공유하고 더 나은 수업을 위한 정보로 활용된다.

또 다른 차이점은 교사를 평가하기 위한 공개수업이 아니라 교사에게 도움을 주기 위한 공개수업이라는 점이다. 일반적으로 그동안 공개수업은 교사를 평가하기 위해 어떻게 실수 없이 잘 가르치고 있는지를 보는 것이었다. 하지만 배움의 공동체 수업에서는 수업하는 교사와 함께 학생들을 관찰하고 학생들의 특징을 발견하여 교사에게 보다 좋은 수업을 위한 정보를 제공해주고 도와준다. 교사가 얼마나 수업을 잘하는가 보는 것이 아니라 학생들이 어떻게 학습해가는가를 살펴봄으로 해서 공개수업을 하는 교사가 도움을 받고자 수업을 공개하는 것이다.

수업 공개 후에는 참관한 모든 사람들이 모여 함께 수업연구회를 진행한다. 기존의 공개수업에서는 교사가 어떤 실수를 하는지, 혹은 어떤 점을 잘하는지 등을 체크하며 참관록을 작성한다. 그리고 공개수업이 끝나면 참관자들이 작성한 참관록을 모아 교사에게 전달한다. 참관록에는 해당 교사의 수업이 어떠했는지 평가 및 피드백한 내용이 들어있다. 간단히 문서로 수업에 대한 피드백을 대신하는 것이다. 하지만 혁신학교는 공개수업이 끝난 이후 참관한 교사들이 모여 자신들이 관찰한 것과 수업에 대한 전체적인 평가와 조언을 진행하는 수업연구회를 1시간 정도 진행한다. 이 수업연구회에서는 각자가 관찰한 학생들이 어떻게 수업에 참여하고 어떤 활동을 하였는지를 중심으로 관찰한 내용을 공유한다. 이 과정을 통해 수업을 어떻게 운영하면 학생들이 어떻게 반응하는지 등을 면밀히 검토할 수 있게 된다. 그리고 학생 개개인의 특징을 파악하게 됨으로서 학생들에 알맞은 수업 난이도와 방법을 찾아 개선할 수 있게 된다.

이렇듯 혁신학교에서는 수업 공개도 교사 간의 소통과 협력의 과정이다. 다음은 경기도 혁신학교인 의정부여자중학교의 공개수업과 수업연구회 모습을 필자가 관찰한 것을 바탕으로 재구성한 것이다.

나는 2시쯤 학교에 도착했다. 공개수업은 2시 30분에 수업연구실에서 진행된다. 우선 교무실로 가서 교육과정 부장님과 간단히 이야기를 나누고 수업 공개 장소로 갔다. 오늘은 2학년 수학, 함수를 배우는 수업이라고 한다. 수업연구실에는 공개수업을 할 수학 선생님과 수업이 진행될 반 아이들이 책상에 앉아 다소 긴장된 모습으로 수업 시작을 기다리고 있다. 오늘은 연수의 날로 공개수업이 있어 수업 공개를 하는 반을 제외하고 모든 학년과 반은 단축 수업으로 2시 반 이전에 하교를 한다. 그리고 전체 교사가 공개수업을 참관하러 수업연구실로 모였다. 또한 이미 전국적으로 소문난 학교답게 이 학교의 수업을 참관하러 50여 명의 여러 학교 교사들이 삼삼오오 모여 있다. 수업연구실은 이런 공개수업을 하는 강당 비슷한 곳에 교실과 같이 책상과 교탁이 놓여 있는 곳이다. 공개수업은 이렇게 전체 교사와 외부 사람들이 와서 보는 제안 수업과 학년별로 1개 반씩 공개하는 학년별 공개수업, 그리고 개인적으로 일상적으로 수업을 공개하는 개인별 공개수업의 형태가 있다. 오늘은 제안 수업으로 많은 사람들이 와서 보기 때문에 학생들도 수업을 하는 교사도 긴장하고 있다.

수업연구실 입구에는 오늘 수업의 활동지와 참관록이 놓여있고 각자 관찰할 모둠을 지정해 놓은 안내판이 붙어있다. 이 학교는 배움의 공동체 수업을 하고 있어 참관도 조금은 독특하게 이루어진다. 배움의 공동체 수업에서는 교사의 교수 활동보다 학생에게 배움이 일어났는가가 중요하다. 그래서 참관도 교사가 어떻게 가르치는가를 중심으로 관찰하는 것이 아니라 학생들에게 배움이 일어나는지를 관찰하는 것이다. 그래서 참관하는 사람들에게 모둠을 지정해주고 해당 모둠의 학생들이 어떻게 상호작용하며 학습을 하는지를 관찰하는 것이 참관 방법이다. 그리고 이렇게 관찰한 것은 수업이 끝나고 진행되는 수업연구회 시간에 서로 공유하며 수업에 대해 분석한다. 내가 받은 활동지와 참관록은 〈그림1〉, 〈그림2〉와 같다.

수업이 시작되었다. 다소 긴장한 얼굴에 교사가 학생들을 집중시키고 지난 시간에 배운 함수 내용을 간단하게 다시 설명하면서 오늘의 문제인 핸드폰 요금제와 관련해서 이야기를 꺼낸다. 오늘 수업에서는 함수를 이용해 자신에게 적합한 핸드폰 요금제를 구하는 문제를 풀어보는 수업이다. 교사의 간단한 설명이 끝나고 모둠 활동이 진행된다. 학생들은 책상을 돌려 네 명이 한 모둠을 구성하여 자리 배치를 다시 한다. 학생들은 참관록의 배치표

배움은 묻는 것에서 출발한다54	학번	2학년 ( )반 ( )번 이름 :
	단원	5.함수 – 5.5 일차함수의 활용
	학습 주제	일차함수의 활용(p145~147)

도전1] 2월에 스마트폰(3G)을 구매했다. 평소 핸드폰 사용량이 많지 않은 편이라 i-슬림요금제를 선택했는데 기본요금에서 자꾸 초과되었다. 도돌이라는 어플을 깔아 핸드폰 사용량을 확인해보니 보통 음성통화량은 기본 제공시간보다 더 쓰고 문자와 데이터는 넘지 않게 사용하고 있었다. 몇 개월 더 사용하는 양을 관찰해 보고 요금제를 다시 결정하려고 할 때, 음성통화량이 대략 몇 분 이상일 때 요금제를 바꾸는 것이 좋겠는가? (단, i-라이트나 i-토크요금제로 바꾸면 핸드폰 기계값 3000원이 더 할인됨.)

구분	월정액	제공음성	제공메시지	제공데이터	초과 음성 (1초)	초과 메시지 (건당 문자)	초과 데이터 (0.5KB)
i-슬림	34,000원	150분	문자250건	100MB	1.8원	20원	0.025원
i-라이트	44,000원	200분	문자350건	500MB	1.8원	20원	0.025원
i-토크	44,000원	250분	문자350건	100MB	1.8원	20원	0.025원

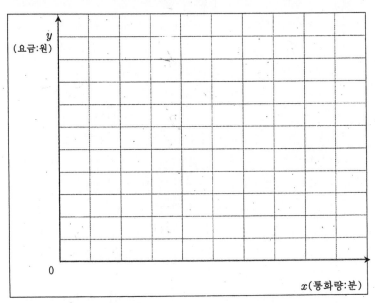

〈그림1〉 공개수업 참관 자료 1 - 활동지

대로 앉아 있다. 모둠 활동이 시작되자 참관 온 교사들이 자신에게 지정된 모둠 주변을 둘러싸고 학생들을 관찰하기 시작한다. 이 학교는 이런 식으로 수업 공개를 해왔기에 학생들도 적응이 되어 있다고 하지만 오늘 같은 제안 수업엔 관찰자가 너무 많다.

교사들이 참관록에 기록을 하며 학생들의 모둠 활동을 관찰한다. 학생들은 서로 의견을 주고받으며 함수를 활용해 요금제를 결정하는 문제를 토의하며 풀어간다. 때로는 잘하는 아이가 리드를 하기도 하고, 문제를 풀지 못하는 아이가 몰라하는 부분을 다른 학생이 설명해 주면서 모둠 활동이 진행된다. 이렇게 교사의 설명과 모둠 활동으로 진행되어 개인이 문제를 푸는 것이 아니라 모둠이 힘을 모아 문제를 풀었다. 문제가 다소 어렵기 때문에 공부를 잘하는 것 같아 보이는 학생도 방향을 잘못 잡는 경우가 있었다. 교사는 모둠 사이를 오가며 학생들의 질문을 받아주다가 전체적으로 학생들이 해법을 찾지 못하는 것 같아 학생들을 다시 교탁으로 집중시키고 힌트를 준다. 그러자 여기저기서, '아하~' 하는 탄성과 함께 모둠 활동이 다시 시작된다. 이렇게 모둠 활동이 끝나갈 무렵 교사는 다시 학생들을 교탁으로 집중시키고 조별로 문제를 어떻게 풀었는지 발표하여 공유하는 시간을 가졌다. 수업은 이렇게 끝났다.

수업이 끝나고 학생들을 모두 귀가시킨 후 이 학교 교사들과 참관 온 교사들이 다시 수업연구실에 모였다. 우선 오늘 수업을 진행한 수학 교사가 오늘 수업의 목표와 수업 의도, 수업설계 주안점 등을 간단히 설명한다. 수학 교사의 이야기가 끝나고, 자신이 관찰한 모둠별로 모여서 모둠 활동으로 자신들이 관찰한 모둠에 대해 공유하고 토론을 한다. 그렇게 10여 분 토론을 하고 사회자가 각 모둠에서 논의된 내용을 발표시킨다. 모둠별로 관찰한 내용을 아주 자세히 발표한다. 모둠별로 네 명의 학생 중 어떤 아이가 수업에 소극적이었는지, 어떤 이야기를 서로 나누었는지, 학생들이 어떤 논의 과정을 거쳐 문제를 풀었는지 등 모든 것이 학생들에 초점을 맞추어 이야기된다. 어떤 교사는 자신의 과목 수업에는 집중 못하던 학생이 지금 이 수업에서 집중하는 모습을 보고 이 학생이 자신의 과목보다 수학을 더 좋아하는 것 같다는 이야기를 하기도 했

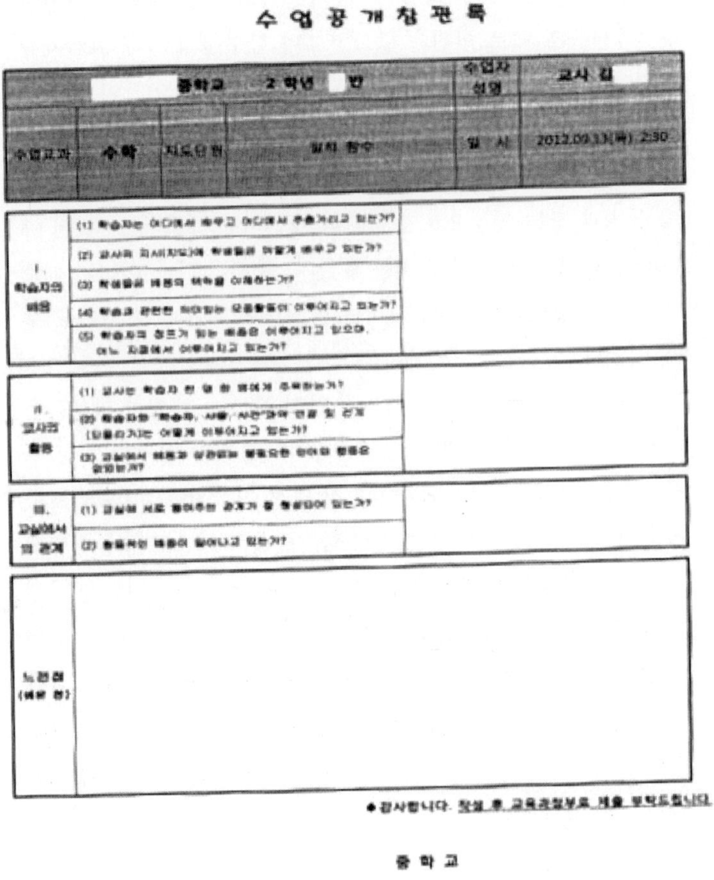

수업공개참관록

중학교 2 학년 반				수업자 성명	교사 김
수업교과	수학	지도단원		일 시	2012.09.13

◆감사합니다.

중 학 교

〈그림2〉 공개수업 참관 자료 2 - 참관록

다. 이렇게 학생들의 하나하나를 관찰한 것을 공유하고 마지막으로 다시 수업한 교사가 어떠했는지를 다시 이야기하고 수업연구회는 마무리되었다.

2012년 2학기 의정부여자중학교 2학년 공개 수업 관찰 일지 중에서 혁신학교에서의 수업 공개와 수업연구회는 단순히 수업을 학부모나 관리자들에게 보여주기 위한 행사가 아니라 다른 교사와 소통하고 협력하는 과정이다. 앞서 이야기한 것처럼 수업을 공개한 교사는 자신의 수업에서 학생들 개개인이 어떻게 반응하고 배워가는지를 파악하고 자신의 수업의 어떤 부분이 학생들의 학습에 도움이 되는지를 파악하게 된다. 이뿐만 아니라 동료 교사들이 수업을 참관함으로써 서로의 수업이 어떤 식으로 진행되고 있고, 또 해당 과목에서 어떤 내용을 가르치는지를 알게 된다. 이것은 교육과정 재구성을 하거나 융복합 수업을 설계할 때 다른 교과에 대한 이해와 공통점을 찾아가는 데 큰 도움을 준다. 혁신학교에서는 모든 교사가 1년에 최소 한 차례 이상 수업을 공개하고 있으며, 거의 매주 학년별로 1명 이상의 교사가 수업을 공개하고, 수업연구회를 통해 서로 의견을 공유한다.

교사들은 다른 교사의 수업을 보면서, '아, 이렇게 진행할 수도 있구나!' 하는 새로운 교수 방법의 아이디어를 얻기도 하고, 또, '이 학생은 내 수업에서는 매번 딴짓을 하고 집중을 못하는데 이 과목은 정말 열심히 하네!' 하며 학생에 대한 새로운 정보를 얻기도 한다. 그리고 '어, 이 과목에서도 이 내용을 가르치는구나. 우리 교과랑 연관 지어서 하면 좋겠네!'라고 생각하면서 다른 교과에 대한 이해를 높일 수도 있다. 수업 공개를 통해 교사들끼리의 또 다른 소통을 하고 있는 것이다.

함께 고민하고 함께 실천하는 교사 학습공동체

최근 교육과정 재구성이나 융복합 수업이 강조되면서 교사들 간의 소통과 협력이 더욱 강조되고 있다. 지금까지의 교사의 역할은 국가가 만들어 놓은 교육과정을 학생들에게 잘 전달하는 전달자 역할에 머물러 있었다. 국가가 교육과정을 개발하여 그에 알맞은 학습활동이나 교수법 등을 교사용 지도서를 통해 제공하고 교사는 이를 활용해 수업을 진행해왔다. 하지만 사회가 변화하면서 단순한 지식의 습득을 넘어 문제해결 능력이나 창의성 등이 강조되면서 각 학교의 상황에 맞는 다양한 수업이 요구되고 있다. 이를 위해 국가가 개발한 교육과정을 학교의 상황에 맞게 재구성하고 창의적 인재 양성을 위해 다양한 교과들을 융복합한 수업을 할 필요성이 커지고 있다.

그런데 교육과정 재구성이나 융복합 수업은 어느 한 명의 교사가 노력한다고 할 수 있는 것은 아니다. 교사 전체가 함께 소통하고 협력할 때 할 수 있는 활동이다. 그런 점에서 교육과정 재구성이나 융복합 수업이 일반 학교에 비해 혁신학교에서 보다 활발히 이루어지고 있는 것도 다양한 소통과 협력적 구조가 형성되어 있는 혁신학교가 보다 쉽게 진행할 수 있기 때문이다. 혁신학교에서는 교사들의 다양한 소통과 협력 구조를 가지고 있다. 여기에는 교사들의 전문성을 향상시키는 교사 학습공동체가 포함된다.

기본적으로 혁신학교는 학교가 하나의 학습 공동체가 되기를 지향한다. 서로가 일상적으로 소통하고 협력하며 그 안에서 서로 배우고 이끌어주는 과정을 통해 학교의 구성원 모두가 일상적으로 학습하고 전문성을 쌓아가는 공동체로서의 학교를 지향하고 있는 것이다. 이런 지향을 가지고 혁신학교에서는 다양한 교사 학습공동체가 운영이 된다. 일상적으로 각자의 고민과 각자의 실천 경험을 공유하고 함께 연구하는 학습공동체는 혁신학교에서도 매우 중요한 역할을 한다. 교육과정 재구성이나 융복합 수업을 학습공동체의 구성원들이 주도적으로 이끌어가고 먼저 나서서 실천하고 있는 것이다.

교육과정 재구성을 위해서는 기본적으로 각 교과의 교사들이 자신의 교과를 분석하고 이를 다른 교과와 공유하여 함께 연계하거나 융복합할 수 있는 부분을 통합하여 새로운 수업을 설계하게 된다. 여러 교사가 함께 분석하고 서로의 교과를 비교하는 등의 작업이 필요하다. 또한 이를 위해 분석 틀이나 분석 방법, 통합의 방법 등을 연구, 개발하여야 한다. 이러한 것을 어느 개인이 혼자 하기란 쉬운 일이 아니다. 혁신학교에서는 개인이 하기 어려운 작업을 교사 학습공동체를 통해 구성원들이 힘을 모아 해결해 나가면서 교사의 전문성을 높여가고 있다.

이런 교사 학습공동체가 어떻게 운영되는지 경기도 혁신학교인 어느 중학교의 교사 학습공동체에 필자가 참관한 사례를 통해 살펴보겠다.

교육과정 부장 선생님에게서 연락이 왔다. 요즘 학년별 교육과정을 분석하고 논의하는 중인데 통합 교과 수업과 관련해서 고민이 많다며 배움의 공동체 연구 모임에 참석해 달라는 요청이었다. 요즘 이 학교 교사들은 매주 모임을 갖고 교육과정을 보다 체계화하고 있는데, 통합 교과 수업을 기계적으로 교과가 합쳐서 형식적으로 진행하는 것이 아니라 학습 효과를 극대화하기 위한 방안으로 발전시키고자 분석과 연구를 진행하고 있다고 했다.

나는 오후 4시쯤 학교에 도착했다. 교무실은 4시 30분 퇴근을 앞두고 분주해 보였다. 교육과정 부장 선생님과 인사를 나누고 교무실 옆 교실 크기의 강연실로 갔다. 몇몇 선생님들이 모임 준비를 하고 있었다. 간단히 인사를 나누고 자리에 앉아 모임을 기다리는데 체육 선생님이 오셔서 수행평가가 잘 진행되지 않는다며 나에게 고민을 풀어놓으신다. 선생님과 이런저런 이야기를 나누다 보니 사람들이 다 모였고 모임이 곧 시작될 듯한 분위기가 되었다.

오늘은 2학년 교육과정을 살펴보는 날이라고 한다. 한 장으로 정리된 과목별 2학년 2학기 수업에 대한 논의가 시작되었다. 우선 과목별로 어떤 내용을 어떤 방식으로 수업을 진행하고 있는지를 발표하고 그에 대한 장점과 단점, 고민 사항을 이야기하였고, 그에 대한 교사들의 코멘트가 이어졌다. 독서교육 차원에서 활용하는 부교재의 내용이 좀 어려워 학생들이 집중을 못하는 것 같다는 이야기부터 다른 교과와 융복합 수업을 시도하고 있지만 특정 교과가 도구적인 역할만 하는 것 같아 어떻게 해야 할지에 대한 고민, 다른 교과와의 협의 시간이 부족하여 준비가 체계적으로 되지 못한 점 등 과목별로 수업의 진행 상황과 고민을 서로 자유롭게 논의하고 토론하였다. 11명의 교사와 교장 선생님까지 참석하여 서로의 고민이 심도 깊게 오가고 있었다. 교장 선생님은 교사들을 만나 대화하면서 가진 고민들을 털어 놓으시면서 그 해결책에 대한 의견을 묻기도 하셨다. 중간중간에 나도 다른 학교의 사례나 이론적인 보충 설명 등을 말하면서 논의에 참여하기도 했다. 이렇게 2시간여를 토론했다. 마지막엔 앞으로의 계획과 관련하여 이야기하면서 좀 더 정리를 하려면 모임을 매주 진행해야 할 것 같다는 의견이 나왔고, 수업을 보다 집중적으로 연구하는 교사 동아리(학습공동체)를 추가적으로 만들자는 이야기도 나왔다. 그러면서 일단은 당분간 매주 모임을 갖고 학년별 교육과정과 교과별 수업 상황을 분석해 보기로 하고 모임은 끝이 났다.

2013년 2학기 학습공동체 모임 관찰 일지 중에서

이 학교의 학습공동체는 서로의 고민을 나누고 관련하여 서로 피드백을 주거나 관련하여 강연을 듣거나 스터디를 하며 고민과 문제를 해결해가는 방식으로 모임이 운영되고 있다. 이 과정을 통해 구성원들이 어떤 고민을 가지고 있는지, 어떤 노력을 하고 있는지에 대해 알아가고 함께 도와가는 공동체성을 키워가고 있다. 문제해결 과정에서 연수나 스터디, 세미나 등과 같이 다양한 방식으로 해법을 찾아가면서 교사의 전문성을 강화해가고 있으며, 혼자서 고민하고 어려워했던 문제를 동료 교사들과 함께 소통하고 협력하면서 해결해감으로써 심리적 안정감도 함께 얻고 있다.

4. 교사, 학생, 학부모 3주체 협약으로 주인 의식을 찾다

혁신학교의 소통은 교사들뿐만 아니라 학생과 학부모와도 활발히 이루어진다. 그 대표적인 사례가 서울형 혁신학교에서 시행하고 있는 3주체 협약이다. 3주체 협약은 교사, 학생, 학부모가 한자리에 모여 각자가 지켜야 할 규칙을 협의하여 만든 것을 말한다.

기존의 학교 교칙을 보면 상당 부분 구시대적이거나 인권침해 소지가 있는 조항들이 많이 있다. 대부분의 학교 교칙들이 제정된 지 오래된 것이고 시대 변화에 따라 개정하지 않아 생긴 문제이다. 이런 교칙들은 학생들뿐만 아니라 교사들도 납득하기 어려운 조항들이 많이 있어 논쟁이 되기도 한다. 또한 학생들은 일방적으로 정해진 교칙에 대해 부당함을 토로하는 경우도 많으며 그런 이유로 지키지 않는 사례도 많다.

혁신학교에서는 이러한 문제를 해결하기 위해 교사, 학생, 학부모가 협의하여 만든 3주체 협약을 맺어 운영하고 있다. 학생이 지켜야 할 규칙, 교사가 지켜야 할 규칙, 학부모가 지켜야 할 규칙 등 구성원별로 지켜야 할 규칙을 협의를 통해 결정하여 이를 시행하는 것이다. 이러한 규칙 제정은 어느 누구에 의해 일방적으로 정해져 부당한 항목이 생기거나 인권침해나 과도한 통제를 하는 문제를 해결하고, 구성원들이 직접 논의하고 협의하여 만든 규칙인 만큼 구성원들이 자발적으로 지킬 수 있는 생활 약속을 하게 된다.

　3주체 협약은 우선 학생, 교사, 학부모가 각각 초안을 만들고 이를 전체 구성원이 모인 협의 자리를 거쳐 최종적으로 결정하는 방식으로 제정한다. 교사들은 교직원 회의를 통해 교사들이 지켜야 할 규칙을 논의하여 초안을 마련한다. 학생의 경우 반 별로 학생이 지켜야 할 규칙을 만들고 이를 취합하여 학생 대의원 회의에서 학생이 지켜야 할 규칙 초안을 최종적으로 확정한다. 학부모들 역시 학부모회를 통해 학부모가 지켜야 할 규칙 초안을 마련한다. 이렇게 각 구성원들이 만든 초안을 가지고 교사들 전체, 전교생, 학부모들이 한곳에 모여 각자가 제시한 규칙에 대해 논의하고 협의하여 그 규칙을 확정한다. 이 과정에서 서로의 의견이 상충하면 서로의 입장을 제시하고 협의하게 된다. 예를 들어 교사와 학부모들은 학생의 복장과 관련하여 교복을 꼭 입을 것을 요구하지만 학생들의 경우 교복이 불편하다는 이유로 자유복으로 해줄 것을 요구하는 등 서로의 입장이 상충하는 규칙들은 서로 토론을 통해 최종 결정하게 된다. 모두가 모인 자리에서 참가자들은 교사, 학생, 학부모 모두 누구나 동등한 발언권과 결정권을 가지게 된다. 이렇게 모두가 모인 자리에서 서로의 입장을 제시하며 토의를 하여 최종적으로 각 주체의 규칙을 확정하게 된다.

　이렇게 결정되는 3주체 협약의 내용은 대표적으로 이런 것들이 있다. 욕설 금지, 학생 인권 존중, 일상적 학생 상담 실시 등과 같이 교사들이 지켜야 할 태도와 규칙이 있다. 학생이 지켜

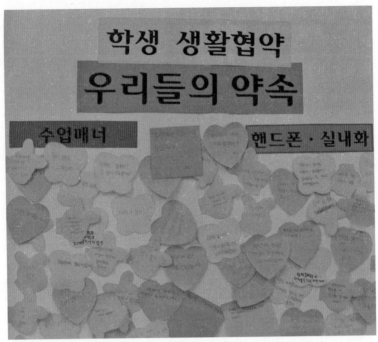

서울형 혁신학교인 국사봉중학교에서는 3주체 협약을 위하여 학생들 의견을 모으기 위한 방법의 일환으로 전체 학생들이 반별로 포스트 잇에 의견을 모아내는 과정을 진행하고 있다

야 할 규칙의 경우, 지각하지 않기, 왕따 금지, 폭력 금지, 금연 등과 같은 조항이 있다. 자녀들의 의사 존중, 학교운영에 과도한 간섭 금지 등은 학부모들이 지켜야 할 규칙으로 들어간다. 이렇게 만들어진 규칙들은 기존의 학교 교칙을 대체하며 학교 곳곳에 공지되어 학교의 모든 구성원이 이를 스스로 지키도록 하고 있다.

교사, 학생, 학부모 3주체 협약은 단순한 규칙이 아니라 각 구성원이 서로를 이해하고 서로에 대해 배려하고 서로를 대할 때

최소한의 갖춰야 할 태도와 자세를 제시한 하나의 약속이라고 할 수 있다. 또한 어느 일방이 어느 한쪽을 통제하기 위한 규칙이라기보다 학교생활을 서로 즐겁게 보내기 위한 것이다. 이렇게 3주체 협약은 서로가 논의와 협의를 통해 합의하여 제정된 만큼 서로 각자의 규칙을 자발적으로 지키고자 노력하게 한다. 일방이 정한 규칙을 강제하는 것이 아니라 스스로 초안을 만들고 다른 구성원들과 협의하여 결정한 것이기 때문에 구성원 모두가 학교 구성원으로서의 주인 의식을 가지고 이 협약을 지키게 된다. 실제 이러한 3주체 협약을 시행한 학교들은 각 구성원들이 정해진 규칙을 충실히 이행하는 것을 경험했다. 특히 학생들이 자신들이 만든 규칙에 대해 지키려고 노력하며 혹여 지키지 않는 학생들이 있을 경우 주변의 친구들이 규칙을 상기시켜 주거나 서로가 규칙을 지키도록 독려함으로써 그 이행 확률이 기존의 교칙보다도 높아졌다고 한다. 이러한 3주체 협약은 소통을 통한 생활지도의 예로서 혁신학교가 소통을 통해 학교를 바꿔나가는 좋은 사례라 할 수 있다.

이광호
이우학교 교장 선생님 인터뷰

일시　2015년 6월 4일 14:30 ~17:00
장소　이우학교
참석자　이광호, 김현철, 정진헌, 볼프강 포겔쟁어

정진헌　일반 학교와 이우학교가 얼마나 다른지에 대해 설명해주셨으면 합니다.

이광호　우리나라는 독일과 전혀 달리 교육제도가 굉장히 중앙집권적이잖아요. 중앙집권적이고 중앙에서 모든 걸 결정하고 경직되어 있는데, 그 경직된 것 속에서 학생들이 고통 받고 있습니다. 그런 이유로 우리와 같은, 특성화 대안학교를 위한 대안학교법이 만들어진 거죠. 일반 학교와 다른 점은 우선 학생이 원해서 들어온다는 것입니다. 일반 학교는 학생들을 배정받잖아요. 그리고 우리 학교는 실험적 교육을 할 수 있도록 학생 수가 적지요. 교육관으로 본다면, 우리나라 학교교육에서는 일반적으로 산업화 시대 지식을 전달하는 것이 많은데, 우리 학교는 체험활동이 더 많습니다. 혁신학교가 확산되면서 이우학교에서 했던 경험이나 모델이 혁신학교에 많이 확산되어 있어요. 이제 공립학교인 혁신학교와 우리 같은 학교의 차별성을 어떻게 둘 건인지가 고민입니

다. 보다 쉽게 말하면, 우리가 이제 기존 교육 시스템에서 이만큼 실험을 했는데, 기존의 공교육도 많이 이러한 실험을 하고 있단 말이죠. 그럼 이제 우리는 어떤 방향으로 실험을 할 것인가가 올해 집중적으로 고민해야 할 주제입니다.

김현철 혁신학교는 교육청 지원이 많이 있었으니까, 꼭 전체 교직원이나 학교 주체들이 공감대를 형성하고 모두 동의해서 된 것은 아니라고 할 수 있습니다. 어떤 사례들은 그런 지원에 힘입어서 전개된 측면에 대한 문제점이 있지 않겠습니까?

이광호 그렇죠. 혁신학교가 다 성공하는 건 아니지요. 여기 이우학교에는 우리가 설립한 연구소가 있어요. 그 연구소 활동을 통해서 제가 경기도뿐만 아니라 전국의 혁신학교들 대부분의 정책에 관여하고 컨설팅하고 그랬거든요. 혁신학교들에서도 최근에 전국적으로 새로운 담론을 만들어낼 고민을 하고 있어요. 어제도 제가 교원대에서 충북하고 충남하고 세종시 담당자들을 모아서 회의를 했어요. 《학교교육 제4의 길》(*The Fourth Way*)을 이야기한 하그리브스(Andy Hargreaves)라는 교육학자가 있습니다. 제1의 길, 제2의 길, 앤서니 기든스의 이론을 가지고 교육적으로 이야기한 제3의 길이 있는데, 그걸 뛰어넘는 제4의 길을 하자는 것이지요. 그분이 이제 한국의 혁신학교가 제4의 길이 아니냐, 이런 고민을 하고 있다고 그래요.

김현철 한국적 혁신학교의 사례가 제4의 길이 아니냐.

이광호 자기가 생각할 때는 그렇다는 것이지요. 이분이 핀란드하고 한국 교육에 관심이 많다고 그래요. 하버드대학에 있는 가드너 박사도 한국 교육에 관심이 많은데, 다 혁신 학교 하시는 분이더라고요. 어제 그거 가지고 토론을 했는데, 어쨌든 공교육이 혁신학교를 통해서 변화의 흐름 속에 있어요. 저희가 학교를 완전히 개방하는 날이 몇 번 있거든요. 공교육에 전국적으로 새로운 시스템이 도입되는 데 이우학교가 일정하게 기여했습니다. 그런데 이제 그 다음 단계가 무엇이냐는 고민을 하고 있어요. 일반 학교와 겉으로 보기에는 비슷해 보이지만, 사실 그 안에 흐르는 그 뭐랄까 철학? 이게 많이 다르고요. 우리도 이제 아이들의 선택을 매우 중시해요. 아직까지 교장인 저 개인의 고민이고 교사, 학부모들에게까지 충분히 설명은 안 했습니다. 그중 하나는 학교교육하고 사회가 엇갈리고 있는 것에 대한 것입니다. 그러니까 쉽게 말하면, 처음에 우리가 개교할 당시에는 '애들이 너무 입시 교육에 찌들어있는데, 자유로우면서도 의미 있게 깊이 있는 토론식 수업을 하고 글쓰기 많이 하도록 하고, 그렇게 해서 졸업한 학생들이 대학에 가고 나이를 먹으면 이 사회에 나름대로 자기 역할을 할 수 있을 것'이라는 믿음이 있었어요. 실제로 지금 졸업하는 애들을 보면 나름대로 잘 살아요. 이제 스물아홉, 서른 됐는데, 그런데 이제 한국 사회가 경제적으로 급격히 어려워지고 경제가 어려워지는 것뿐만 아니라 청년실업 같은 문제가 나타났습니다. 특히 저는 2008년 서브프라임 위기 이후에 그것이 상당히 구조화되었다고 생각합니다. 교육계 쪽의 사람들은 97년 외환위기에 대해서는 다들 기억을 하는데요, 2008년 서브프라임 위기에 대해서 잘 몰라요. 그런데 제가 볼 때, 1997년 IMF위기라는 것은 굉장히 국지적인 위기였다면, 2008년 위기는 아주 글로벌한 위기고, 전 세계 자본주의 체계의 근본적인 위기를 말하는 건데, 그래서 2008년 서브프라임 위기 이후에, 우리가 우려하는 것이 더 격화되고 있는데, 이 아이들을 학교에서 잘 가르치면, 대학을 가든 안 가든, 스무 살, 서른 살 때 뭔가 먹고살 수 있도록 해줘야 되는데, 이게 가능하지 않아 보여요. 갈수록 가능하지 않은 사회가 되었다는 생각이 들어요. 우리가 이 아이들을 14살부터 19살까지 잘 가르치면 우리의 소임이 다 끝났다고 생각했었는데, 앞으로 아닐 수 있겠다는 생각이 드는 거예요. 그런 고민을 하고 있어요. 이 아이들을 대학까지 보내고 끝나는 것이 아니라, 이 아이들이 이 사회에서 직업도 잡고 나름대로 의미 있는 성인으로 성장하려면 어떻게 해야 할까? 또 하나 이렇게 고민했던 이유 중에 하나는, 우리 개교 당시도 그랬지만, 지금이 우리나라 대학의 상황이 굉장히 제가 볼 때는 악화되어 있어요. 굉장히 취업 중심으로 애들을 막 쥐어짜는데 취업도 못 시키고 있다는 것입니다. 그래서 사실 우리가 아이들을 20살 때 딱 졸업 보내고 끝나는 것이 아니라, 20대 혹은 30대까지 어떻게 잘 살 수 있게 할 수 있을까, 그러니까 결국 교육이라는 것이 한 인간이 이 사회에서 미래 사회에 잘 적응하도록 도와주는 건데, 그런 면에서 우리 학교의 역할을 확장해야겠다는 고민을 하고 있어요. 그런데 이건 정말로 새로운 고민인거죠. 학교의 교육관을 어떻게 바꾸느냐를 통해서 해결할 수 있는 문제가 아닙니다. 학교의 힘만으로 할 수 없고 학부모, 졸업생 다 모여서 새로운 틀을 만들어야 되는 것입니다. 이것이 지금 고민입니다.

김현철 고3 학생들도 몇 명 소수 애들 빼면 진학을 다 하는 구조죠?

이광호 진학을 권하죠. 대학을 잘 가는 애들도 있고요, 못 가는 애도 있는데, 갈수록 대학 안 가겠다는 애들이 늘어나고 있어요. 우리나라는 진학률이 얼마 정도 될까요?

김현철 한 80퍼센트

이광호 지금 70퍼센트 초반입니다. 확 떨어졌습니다.

김현철 독일의 평균, 그 나라의 전국 평균은 45퍼센트 정도 되는데……

이광호 예, 독일이 낮죠.

김현철 근데 저 학교(괴팅겐 통합학교)는 한 75퍼센트로 되게 높아요. 괴팅겐 특성인 것 같기도 하고. 괴팅겐대학 수준이 되게 높으니까 거기 사는 사람들도 좀 그렇고요.

이광호 핀란드도 보통 인문계 실업계가 55:45인데, 노키아가 있던 에스포(Espoo)에서는 60:40, 65:35 정도 됩니다. 노키아가 있는 곳이니까.

김현철 그렇죠. 아까 그 사회적 변화에 따라서 이후에 사회 적응하고 생존해내는 문제가 참 필요하고 의미도 깊지만 접근하기 어려운 것 같습니다. 현실적으로 또 학교제도라는 틀이 있는 것이고, 단지 상담해주고 그런 차원을 넘어서 제도적으로 뭔가 고민을 하게 되면, 예를 들면 창업 동아리, 아니면……

이광호 아이들이 대학을 다니면서도 다 이 동네 거주하니까요 여기에 적이 있단 말이에요. 여기서 뭔가 주말에 인문학 공부라든지, 창업 관련된 협동조합이라든지, 이러한 경험을 해볼 수 있도록 하려고 합니다.

김현철 지역 커뮤니티와 결합되는 것처럼?

이광호 이 동네에 가면 우리 학부모들이 만든 것들이 굉장히 많습니다.

김현철 그것은 성미산 지역하고 조금은 유사한 측면일 수 있겠네요. 그렇죠?

이광호 성미산도 유사할 수 있죠. 그런데 성미산과 다른 점이 있는데, 성미산은 사실 이제 굉장히 약간 위기 같은 상황인 거예요. 왜냐하면 정작 그 동네 사람들이 성미산으로 애들을 안 보낸대요. 차라리 인근 혁신학교를 보내지. 왜냐하면 비용 문제가 일단 커요. 우리 같은 경우는 재정 지원을 받으니까 비용 부담이 없는 거거든요. 사실 국가 재정 지원 없이 학부모의 돈만 받고 운영한다는 것은 지속가능성에 문제가 있어요. 우리는 이제 좋은 게, 10기가 졸업했는데, 졸업한 애들의 학부모들이 상당수가 이 동네 살아요. 엄마, 아빠들이 여러 동아리 활동을 합니다. 연극 동아리, 노래패, 생활협동조합, '울타리'라는 인문학 카페, '월든'이라는 대안적 작업장 등. 식당 개업한 분도 있고요. 그중에는 기업 하시는 분들도 있고, 대기업에 있는 분도 있고, 교수도 있고, 자영업자도 있습니다. 그러니까 거기서 어떤 새로운 것들이 나오지 않을까 기대하고 있습니다.

김현철 재미있는 건 성미산은 공동육아로부터 출발해서 결국은 학교라는 방식까지 나아갔다면 이우는 조금 다르다는 거군요. 그렇죠? 어떻게 보면 교육적인 차원에서 학교가 먼저 설립되고, 시간이 지나면서 지역공동체처럼 확장이 되는 방식 같습니다. 방식이 약간 다르다고 볼 수 있겠네요.

정진헌 도대체 누가 처음에 어떻게 이러한 아이디어를 내서 시작하게 되었을까가 궁금해지는데요.

이광호 학교를 처음에 구상했던 것은 저희 초대 교장이었어요. 초대 교장하고 저하고, 우리 사회에 여러 가지 문제가 있지만, 교육도 심각한 문제가 있는 거 아니냐 생각해서 만들게 되었습니다. 원래 처음에 모였던 사람들은 학교교육과 전혀 무관한 사람들이었어요. 예전에 1980년대 후반 1990년대 초반에 사회운동 하는 사람들이 모였다가 시작한 거예요. 베를린장벽이 무너지는 걸 보면서 우리의 운동이 바뀌어야 한다고 생각을 했던 거죠. 그래서 그렇게 대여섯 명이 모여서 어떤 학교를 세울 건가 논의했죠. 국내에 웬만한 학교는 다 가봤어요. 특히 대안학교는 다 가봤고, 외국은 우리가 가볼 형편이 못되었으니까, 외국에서 공부해온 사람들의 도움을 받았죠. 그때 독일에서 공부하고 온 사람이 정유성 교수였어요. 정유성 교수한테 얘기도 많이 듣고, 그래서 발도로프라든지 프레네라든지 러시아 톨스토이학교, 이런 학교들에 대한 자료들을 보고, 어떤 학교를 할 것인가 한 2~3년을 계속 공부하고 세미나를 했습니다. 결국 돈을 마련해야 되는데, 돈이 120억 원 정도 들어가니까, 돈을 마련하기 위해 공동 설립자 100명을 모아서 학교를 세운 거죠. 세우는 과정에서 보면 우리가 생각했던 학교하고 우리나라 교육법상에서 굉장히 충돌이 많았어요. 유럽, 특히 덴마크 같은 데 가 보면, 정말로 거기는 학교 설립이 자유롭거든요. 학부모들이 "나 이런 교육 하고 싶어 해서 이렇게 학교를 만들겠다." 하면 정부가 인정해주고 예산 지원해줍니다. 우리는 그런 게 거의 안 돼요. 성미산학교가 위기에 빠진 이유가 아무리 좋은 교육을 해도 정부에서 돈 안 준다는 겁니다. 그래서 이제 우리가 생각한 이상과 현행법상의 한계에서 적절한 조화를 이루는 게 필요했던 겁니다. 그렇게 한 5~6년 준비해서 학교를 연 거죠.

정진헌 그러면 그때 같이 하셨던 핵심 구성원 다섯 분 같은 경우에는 본인들 스스로도 그렇게 성장한 자녀들이 있었기 때문에 학부모의 입장이기도 하고 더불어 사회운동 차원으로도 함께하신 것이군요?

이광호 결과적으로 대부분 학부모였던 경우가 많지만, 꼭 그런 건 아니었던 것 같아요. 나중에 100명을 모았을 때 설립자들 대부분 학부모가 되었죠. 그분들은 대부분 공동육아를 경험한 분들인데, 기존 학교를 보내자니 너무 걱정되기도 했던 거죠. 우리 학부모 문화가 독특해요. 학부모들이 학교의 일에 상당히 많이 참여하고, 학교의 물질적 토대가 되기도 합니다. 우리는 상당 부분 학교의 부족한 부분을 기부금으로 충당하는데, 졸업생 학부모들도 계속 기부해요. 자녀들이 졸업한 지 한참 지났는데도. 그게 참 쉽지 않거든요. 오히려 우리는 재학생 부모들한테 돈 받는 것은 부담이 됩니다. 그러니까 여기 모여 사는 이유가 자기들의 '이웃'이라고 생각하는, 자기 것이라는 생각이 있는 거죠. 우리 애들, 재학생들도 인턴십을 하는데, 따지고 보면, 졸업한 자기 아이들의 5년 후 배, 6년 후배잖아요. 그래도 우리가 인턴십 하겠다고 하면, 자기 회사를 경영하는 사람들은 인턴십 자리를 내주기도 합니다. 그런 문화가 만들어지는 거죠.

김현철 말이 100명에 120억 원이지, 어떤 사람은 여유가 있어서 부담이 가능했겠지만, 적은 소액도 가능했던 겁니까?

이광호 소액으로도 2000만 원~3000만 원.

김현철 최소치를 대충 잡고 시작했던 거네요. 최대 금액은 정해 지지 않았고요.

이광호 사실 우리가 120억 원을 다 만든 건 아니에요. 지금 빚이 남아있어요. 일부는 공적 자금이 들어오기도 했습니다. 어느 한 사람이 전체 10퍼센트는 안 넘게 하자는 원칙이 있었습니다. 실 제로는 그 설립자들이 이사를 선출해요. 법인 이사를요. 이사가 학교운영에 참여하기 어려우니까 법인 이사회가 거기서 구성이 되고, 이사회가 학교를 경영하는 거죠.

김현철 공적 자금은 뭘 얘기하시는 거죠?

이광호 그때 손학규 지사가 있을 때 개교하기 전에 이 건물을 경기도청에서 지원받았죠. 저 옆에 식당 건물은 성남시청에서 지원을 받았습니다.

김현철 그 과정에서 물론 우여곡절도 있었겠지만, 일단 인가를 받고 난 이후부터는 안정된 구조라고 볼 수 있나요?

이광호 초창기에 정부로부터 지정비랑 지원금을 못 받았어요. 2009년까지. 굉장히 힘들었죠. 등록금이 비쌌고요.

김현철 지금의 성미산과 약간 비슷하네요.

이광호 예. 2010년부터 받기 시작했습니다.

김현철 재정 지원을 받고 안 받고의 경계는 뭐가 기준이 되는 거죠?

이광호 교육감의 정책적 판단이죠.

김현철 아! 진짜 그런 건가요?

이광호 우리 학교 설립인가가 났으니까, 정식 학교란 말이에요, 초중등교육법상 학교잖아요. 그럼 재정 지원을 해야 되는데, 안 해도 돼요.

김현철 인가를 줬음에도 불구하고요?

이광호 예를 들면, 지금 자립형사립고 같은 데는 안 주잖아요. 그런데 김상곤 교육감이 우리 학교를 보고, 이런 학교는 의미 있는 학교라고 생각한 것입니다. 밖에서 볼 때는 귀족 학교라는 얘기가 있었지만, 김상곤 교육감이 새롭게 해석한 거죠. 새로운 교육 모델이 필요하다고 생각하고, 이것을 혁신학교로 하자는 생각을 한 것입니다. 김상곤 교육감이 혁신학교를 처음 생각할 때 이우학교가 모델이었고, 김상곤 교육감 시절에 전폭적인 재정 지원을 해준 거죠. 우리가 재정 지원받기 전에 연간 등록금이 520만 원이었어요. 그런데 520만 원을 받아도 연간 4억 원 정도가 펑크 났어요. 왜냐하면, 학교운영비의 상당 부분이 교사 인건비인데, 교사 급여는 공무원 호봉 체계에 따라서 계속 올라가요. 지금은 아마, 계산 안 해봤지만, 지원받지 못한다면, 800만 원 정도를 등록금으로 받아야 유지가 되는 거죠. 제가 재정 지원비를 받으려는 이유가 거기 있었습니다.

김현철 아까 교감 선생님한테도 잠깐 말씀드렸는데, 증축하고 정원을 늘리는 문제가 구조적으로 힘들다고요?

이광호 잘 보시면, 건축 자체가 그 규모예요. 중학교 2학년이라면 교실 3개 교무실 하나, 딱 이렇게 세팅되어 있는 거고요. 더 확장은 어려워요.

김현철 아예 그런 전망이나 계획도 안 잡고 있는 거고요?

이광호 예.

정진헌 배움의 길, 배움의 방법에서 다른 일반 학교와 다르게 이 학교만의 특징이 핵심적으로 뭐라고 말씀해 주신다라면 어떤 것이 있을까요?

이광호 두 가지인데, 하나는 학생들이 자기 선택하는 것들을 최대한 반영하려고 하는 것이 있고요. 또 하나는, 수업 보시면 아시겠지만, 우리는 배움의 공동체라고 하는데, 협력 학습 모델로 가죠.

정진헌 거의 이 학교(괴팅겐 통합학교)에서 하고 있는 거네요.

이광호 전 세계적인 거니까요.

정진헌 좋은 학교의 특징들은 공유되는 게 있네요. 좋은 학교라는 것은 딱 보면 안다고.

이광호 '사토 마나부'라는 도쿄대학 학장하신 분인데, 그분이 기존에 '러닝커뮤니티'(learning community)를 우리나라에 많이 보급했어요. 보급할 때, 이우학교가 진지 같았어요. 여기서 같이 토론하고 전국의 교사들이 와서 보고 가서 자기 학교에서 시도를 했습니다. 지금은 우리나라에서 그 교사 커뮤니티가 제일 크죠.

김현철 배움의 공동체?

이광호 우리는 번역을 하면 '배움의 공동체'라고 하는데, 2006년 부터 그분하고 계속 교류하면서, 그분이 우리 학교에 와서 같이 수업하면서 토론도 하고 그랬습니다. 이것은 이제 제가 있던 저희 연구소가 있는데, 연구소와 공동으로 낸 회지예요. 여기 보면 교육과정과 수업에 대해서 정리가 되어있습니다.

정진헌 봄, 여름, 가을, 겨울, 이렇게 나오나요?

이광호 1년에 네 번씩 내다가 힘들어서 올해부터는 두 번씩 내려고요. 이게 전국의 많은 학교들, 교육청에 다 가요. 저희가 이것을 교사들과 같이 만들면서 수업을 어떻게 하는지 같이 공부하고, 이렇게 하는 거죠.

정진헌 아까 학생들 중에 인턴을 간다고 그러면, 대학생이 된 다음에 간다는 건가요?

이광호 우리 교육과정에 인턴십이 있어요. 고등학교 교육과정에 인턴십이 있어서 2학년 하반기에 자기가 탐색하는 진로를 선택해서 가서 하는 거죠.

정진헌 그런 친구들은 여기서 몇 명이나 대학 가고, 몇 명이나 대학 안 가고 다른 진로로 가나요? 중간에 고등학교 마치고 바로 직업 가지러 가는 친구들도 많나요?

이광호 아직 많지 않아요. 한국에서는 대부분 대학 가려고 합니다. 인턴이라는 게 유럽 직업계에서 사용되는 인턴과 다른 개념이고, 내가 진로로 뭘 할 건지, 예컨대 내가 생명공학을 한다, 그러면 대학의 생명공학 연구소에 가서 같이 실험도 해보고 그런 거죠.

정진헌 참관, 그러니까 견습(job shadow)이라고 할 수 있는 있겠네요.

이광호 그렇죠. 한국에서 고등학교 인턴십은 다 그렇습니다. 한국에서는 제도적인 뒷받침이 거의 없어요. 외국 같은 경우, 헬싱키는 아예 중학교 애들이 3주간 하더라고요. 거기에 참여하는 기업에 혜택도 주더라고요. 기업에 그것만 담당하는 직원이 있어요. 그러한 사회적 인프라가 잘되어 있는데, 우리는 그게 없어요. 그러니까 우리가 막 가서, 왜냐하면 기업에서 볼 때, 자기도 바빠 죽겠는데, 고등학생들이 들어오면, 귀찮은 거거든요. 사실 그게 쉽지 않은데, 어떻게 보면 시간만 때우다 오는 애들도 있는데, 어떤 애들은 정말로 그걸 통해서 진로를 많이 고민하죠.

정진헌 그런 인턴 프로그램을 하려는 일반 학교는 거의 없지요?

이광호 하려고 해요. 하려고 하는데, 한나절 정도 하죠. 우리처럼 1~2주일 가서 직접 일하고 그런 거는 못하고 있습니다.

정진헌 얼마간 진행 하나요?

이광호 보통 시간으로 치면 3주 분량인데 3주 계속할 수도 있고 쪼개서 할 수도 있고요.

정진헌 독일에서 일자리 구하러 가는 친구들은 9학년 때 가는 건데, 그런 경우 70퍼센트는 학생들이 직접 자리를 구하지만, 나머지 30퍼센트는 기업이 학교와 약정을 맺고 그 자리를 제공합니다. 언젠가 나중에 고용할 사람들이기 때문에 그렇게 한다고 합니다. 대학 가는 경우에는 12학년이 되면, 대학 진학을 위해서 애들이 프락티컴(Practicum: 교사, 수련의 양성을 위한 실습 과목)을 나갑니다. 그러면 지역적 차원에서 그것을 마련해줍니다. 이것은 연계 프로그램이 아니라 일반 고등학생의 대학 진학을 위해서 하고 싶으면 애들이 신청해서 가는 겁니다. 기업에서는 학생들이 온다는 걸 다 알고 있습니다. 저희도(막스플랑크연구소) 프락티컴 오는 학생들을 받습니다. 이런 것들이 있을 때, 문화 프로그램을 운영하는 기관에 여기 학생들 같은 경우, 우리 애들도 참여하는데, "너희가 우리 애들을 받아줄 용의가 있다면, 너희가 활동이 필요할 때 우리도 지원하겠다." 이야기를 합니다. 가령, "공연이 있을 때 우리가 오케스트라를 데려가서 지원을 해주겠다." "갤러리 전시가 있다면, 우리 애들 작품도 보내주겠다." 하는 겁니다. 독일에선 시에서 공연이나 전시 등 행사를 할 때 아이들이 참여해요. 우리 애는 초등학교 때 무용을 하고 있었는데, 우리 학교 애들이 가서 아이들 프로그램으로 그것을 하고, 오케스트라도 가서 하고, 이런 식으로 같이 협력이 일어나죠. 그래서 양쪽 다 이득을 본다고 생각합니다. 나는 '왜 애들이 전문 공연에 초청돼 가서 하나?' 했는데 그런 뒷배경이 있었죠. 이분(볼프강 교장 선생님)은 학교에 처음 오시는 건데, 어쨌든 놀라는 것은 '좋은 학교'라는 것은 구조가 상당히 유사할 뿐만 아니라 내용도 굉장히 유사하다는 겁니다. 아이들은 스스로 뭘 하는지 잘 아는 거고, 잘할 줄 알고, 서로 협력하는 거고, 당연히 같이 있어야 하는 거고, 이것은 저희 학교에서 하는 것과 거의 같은 활동이거든요. 그러니까 서로 대륙도 다르고 결국 각자 서로 다르게 하는 것 같고, 서로 어떻게 다르다고 생각하겠지만, '좋은 학교'라고 한다면 어느 정도 공유하는 공감대가 형성되고 공유하는 구조들이 있으니까요. 어떻게 보면, 이렇게 표현하면, 구조화된 거지만 그러고 있다면 그것이 아이디어가 반영되는 방식이라는 거죠. 그래서 제가 농담 삼아 예전에 올 때도 그랬는데, 혹시 좋은 학교 있으면 학생 교환 프로그램 같은 것도 해보면 어떻겠냐 했었죠.

이광호 저도 외국에 나갈 때마다 고민 많이 해요. 애들을 교환하는 프로그램을 하면 어떨까? 제가 외국에 가면 교민들을 자주 만나거든요. 오슬로에서도 한 번, 헬싱키에서도 한 번 만난 적 있었습니다. 그분들도 한국 학교 체험을 시키고 싶어 해요. 그분들은 나름대로 그 사회에서 성공한 분들인 것인데, 자기 아이한테 한국인의 정체성을 한 학기 정도, 한 달만이라도 접할 기회를 주고 싶은 거죠. 그런데 일반 학교 가면 학교 폭력 있고 그러니까 저한테 그런 문의를 많이 해요. 그런 논의를 하다가 "그럼 해보자, 한번." 문제는 거기서 오는 애가 한국말을 알아들어야 되고, 또 여기서 가는 아이가 그 나라 말을 알아야 하는데, 문제는 외국에서 오는 아이들은 한국말을 할 줄 아는데, 여기 있는 애들은 그 나라 말을 잘 못하는 거예요.

김현철 재밌네요. 저쪽(괴팅겐 통합학교)이 인도하고 인도-독일 간 학생 프로그램을 오랫동안 지속하고 있습니다. 물론 영어라는 배경이 있긴 한데, 그래도 독일 입장에서는 인도만큼 영어가 자유롭지 않은 면도 있습니다.

정진헌 영어로만 하면 중학교에서 영어를 배우기 때문에 가능할 것 같습니다.

이광호 제가 핀란드에 가면, 핀란드 교육청에서 전 세계인들에게 안내해주는 고등학교가 있어요. 고등학교가. '야르뱅빠'라는 유명한 학교가 있는데, 거기를 제가 한 세 번 갔다 왔어요. 개인적으로

가기도 하고 교육부랑 같이 가기도 하고요. 어느 날 한국 애가 와 있는 거예요. 그 아이는 교환학생 안내해주는 민간 업체에 2000만 원 정도를 주고 왔데요. 보통 자녀들을 교환학생으로 미국에 보내잖아요. 그런데 핀란드에 보낸 것을 보면, 그 엄마, 아빠가 깨인 거예요. 그 애는 영어는 잘해요. 그 나라 수업이 영어만 있는 게 아니잖아요. 그러니까 이제 핀란드어 수업을 못 알아듣는 것이 문제지요.

정진헌 그 학생은 얼마나 가 있는 거예요?

이광호 1년간.

정진헌 보통 이제 그룹으로 교환학생을 주고받는 경우 우리 동네에 있는 '하인베악 김나지움'이라는 곳은 대원외국어고등학교와 옛날부터 오랫동안 교환학생 프로그램을 해오고 있어요. 아이들이 2주간 와있다 돌아갑니다. 그런데 독일에서 한국으로 가는 애들이 적습니다. 한국에서 오는 애들보다 적죠. 아마 비용 때문에 그런 거 같습니다.

김현철 저쪽은 보쉬재단의 지원이 있으니까 학생당 500유로, 우리 원화로 환산하면 60만 원 정도 됩니다.

이광호 한국에서도 중국과 학생 교류하는 학교가 있어요. 홈스테이로 교환하는 거거든요. 1년 단위로. 한 번은 중국 애들이 오고 한 번은 우리나라 애들이 가는데, 중국 애들 집은 갑부인 거예요. 마찬가지일 거예요. 인도도 갑부들이 올 거예요. 중국 애들이 한국에 왔는데, 예를 들면, 분당에 30평대 아파트에 홈스테이 하는데, 괜히 불편해하더라는 거예요. 왜 그럴까? 중국 애들 집에 갔더니 이건 대궐이에요. 한국은 쉽게 말하면, 그런 거잖아요, 우리 애들이 독일에 가면, 한국에서는 그것을 수업일 수로 인정해주기 쉽지 않아요. 그래서 저도 알아봤는데, 체험학습을 낼 수 있거든요. 부모의 동의 아래 연간 10일인가 얼마예요. 2주만 학교 안 나가도 결석으로 처리되기 때문에 안 되는 거예요. 그러면 이제 어떻게 할 수 있냐면, 거기하고 우리가 방학이 약간 다르니까, 우리가 방학인데 거기 학교 개학 기간에 가서 있던지, 학기 중에 가려면 최대 2주까지 가능한 거예요. 그럼 이제 결석을 안 하는 거예요. 안 그러면 다 결석 처리가 되니까. 한국은 겨울방학이 길고 유럽은 겨울방학이 짧잖아요. 그러니까 겨울에 가거나 그런 거죠. 그런데 방학 때 가면 어디든 비용이 비싸요. 비행기 값이 차이가 많이 나요. 저도 이걸 많이 고민해 봤거든요. 지금 연변(延邊)에 있는 학교와 하는데, 윤동주가 나온 학교예요. 그런데 저는 아이들을 교환하면 좋겠는데, 중국 공산당이 막 막아요. 저는 이제 애들이 교류해서 동아시아 우리 민족 역사도 알고, 우리 애들이 결국은 중국과 동남아에서 일자리가 나오지 않을까 생각을 많이 하거든요. 우리가 제2 외국어도 독일어, 스페인어 막 하는데, 저는 지금 중국어 배우라고 하지는 않아요. 결국은 우리 애들 일

자리가 거기서 나올 수밖에 없는 조건인데, 그래서 제 생각에는 거기서 한 2~3일 동안 학교 체험을 하고, 상하이나 베이징 같은 중국의 산업화된 데 가서, 기업체 있는 데 가는, 이런 구상을 하고 있습니다만, 공산당 감시하에 있으니까 그곳 학교 측에서는 아이들이 오는 것을 계속 거부하고 있는 거죠.

정진헌 교장은 동의를 해도요?

이광호 그렇죠. 중국은 독특해요. 교장이 있고요, 교사들 내에서 공산당 간부가 있어요. 교장보다 지위가 더 높아요. 그래서 지금은 올해 그쪽 교사들만 오고 내년에는 우리 교사들이 갈 계획입니다. 우리는 학생회장을 데리고 가요. 아이들을 서로 만나게 하고 싶은데, 우리가 도착한 순간 그곳에서는 다 감시하는 거죠. 그러니까 가서 그냥 관광하는 거예요. 하루 학교 보고, 그냥 백두산 들렀다 오는 겁니다. 일본에는 기존의 제도를 우리보다 더 높이 뛰어넘는 학교가 있습니다. '키노쿠니학교'라고 있어요. 영국의 서머힐을 그대로 모방한 학교인데, 그 키노쿠니학교도 교장 선생님이 오늘 한국에 온다고 하더라고요. 오면 제가 만나서 거기하고 교류를 시도해 보고 싶어요. 학생들이 교류할 수 있는 프로그램을 만들어서요. 비용이 문제이기는 하지만, 소수 인원이라도 일본, 중국, 독일에 아이들을 보내고 싶습니다. 이 학교(괴팅켄 통합학교)와도 이메일로 그런 논의를 하면 좋겠습니다. 거기는 겨울방학이 거의 없을 거잖아요?

김현철 거기는 2주밖에 안되니까 한 1월 첫째 주부터 수업 시작합니다.

이광호 1월에 우리 아이들의 해외 기행이 있는데, 애들이 아시아의 평화를 주제로 주로 아시아 네팔, 베트남 등을 가거든요. 지금 또 다른 고민을 하고 있는 것이 있는데, 대학을 가는 것도 포함되어 있습니다. 아이비리그를 가는 게 아니라, 외국 작은 대학들을 알아보고 있습니다.

김현철 앞으로 계획이나 전망에 대해서는 아까 주로 취업 관련해서 말씀하신 것이 핵심이라고 보면 되나요?

이광호 그것도 있고, 전체적으로 이우에 맞춰서 교육과정을 재조정하는 것입니다. 중학교 교육과정과 고등학교 교육과정을 전반적으로 수정해야 됩니다.

김현철 저희들이 두 가지로 해보고 있거든요, 하나는 일반 학교에 직접 교과과정으로 적용하는 케이스가 있습니다. 저희들이 남서울중학교에 적용을 해봤습니다. 더 장기적으로는 학교에 대한 고민이 있거든요. 예를 들면, 오감학교, 특수학교일 수도 있는데, 기존의 대안학교와는 성격이 다를 수도 있고요.

이광호 '오감학교'라는 게 새로운 학습이론 같은 건가요?

김현철 학습이론으로 가야 되는데, 아직 더 이론화되어야 하는 과제가 있고요. 쉽게 얘기하면, 이런 거죠. 우리 감각기관 자체가 왜곡돼 있는데, 어떤 좋은 얘기를 하고 좋은 걸 보더라도 자기가 주관적으로 보고 주관적으로 해석하면 사실은 그게 곧바로 전달되지도 못할뿐더러 격차만 자꾸 늘려갈 수도 있으니까, 그 문제에 대해서 집중하는 거거든요.

이광호 요즘에 뇌 과학에서도 계속 새로운 이론들이 쏟아져 나오니까요. 이찬승 씨라고 저랑 가끔 통화하거든요. 그분이 미국의 학회를 쭉 둘러보고 오더니, 저한테 메일을 보냈습니다. 두 가지에요. 하나는 뇌 과학이 진전되니까 기존의 교육학 이론이 다 무너진 거죠. 교육학에서 했던 것이 맞는 것도 있지만, 최근에 뇌 과학 쪽에서 비고츠키 이론은 굉장히 타당하다고 보는 거 같고요. 피아제나 이런 분들의 이론은 안 맞는 것 같다고 보는 거 같아요. 두 번째는 미국에서 '사회정의 교육', 유럽에서 말하는 시민교육, 민주 시민교육을 굉장히 강조하더라는 거예요. 그 두 가지를 키워드로 해서 메일을 보내오셨더라고요. 우리도 그렇게 가지 않겠느냐고요.

김현철 미국은 그러면서 평균적인 학력 저하 문제가 심각한 문제거든요. 오바마가 얘기를 할 정도니까. 따져보면, 약간 좀 이중적이기도 합니다.

이광호 저희가 아까 나눈 외국 학교와의 교류 문제는 중장기 과제예요. 제가 올 3월 교장에 취임했는데, 제가 몇 가지 구상을 하면서 글로벌 네트워크 만들겠다는 구상을 밝혔습니다. 대학까지 약간 포함해서요. 미국의 작은 대학들 같은 곳을 포함하고요. 예를 들면 제가 관심 있던 데가 슈마허라고, '슈마허 컬리지'라고 있습니다.

정진헌 거기가 우리로 치면 아카데미죠. 사립으로 운영되면서 하는 개념인데, 독일 내에서는 그런 사립(private) 아카데미는 전반적으로 전문적이지 않다고 보는 경향이 있습니다. 오히려 공립, 공교육에서 하는 걸 더 신뢰합니다.

김현철 파주에 대안대학이 있습니다. 홍대 안상수 씨가 캘리그래피 하는 분인데요. 그쪽 세계에서는 지명도가 되게 높으신 분이니까. 그분 제자와 네트워크가 글로벌합니다. 파리나 스위스 어디에 있는 강사로 바로 연결시켜서 애를 공부시킬 수 있다고 합니다. 사실 네트워크의 국제화라는 것은 지역성이 어떤 면에서는 주요하지는 않은 것이죠. 그러니까 현실 가능한 측면을 이 사람이 진짜 보여줬다고 우리는 많이 평가를 하고 있습니다. 이분이 홍대 그만두고 여기 전념하시는 것을 보고 되게 감명을 받았는데, '이게 이렇게 가능하겠구나' 하는 걸 현실화시킨 것 같습니다. 지금 이제 한 3년 차라 아직은 새싹 같습니다.

이광호 거기도 들어가기 어렵습니다. 공부 잘하고 그런 게 아니라, 굉장히 그 분야에 대해서 열정과 잠재력이 없으면 안 뽑아요. 그러니까 오히려 웬만한 대학에 대충 뭐 학원에서 막 해서 하는 애들보다 훨씬 낫죠.

김현철 EBS에서 10부작으로 이우학교 소개됐을 때는 전 교장 선생님이 인터뷰를 하신 거죠?

이광호 그때는 1기 교장.

김현철 그때를 1기 때라고 봐야 되는 건가요?

이광호 예. 그때가 1기고, 그 뒤에 4년간은 2기라고 할 수 있습니다.

김현철 임기가 지금 4년으로 되어 있는데, 교장도 직선제로 되는 건가요?

이광호 저희는 독특해서, 교장 선출위가 있습니다. 학부모, 이사 등으로 구성됩니다.

김현철 그 내에서 합의를 해서 선출하는 겁니까? 투표는 아니고요?

이광호 투표도 합니다. 그런데 복수 후보가 나온 적은 없습니다.

김현철 기존 교사들 중에서 후보가 나오나요?

이광호 형식적으로는 외부에 개방을 합니다. 그런데 언뜻 덤비기 힘들죠. 잘할 자신이 있어야 하니까요.

김현철 저쪽(괴팅겐 통합학교)에는 책상그룹이라는 것이 학생들에게만 있는 것이 아니고 교사들에게도 있습니다. 교사도 전체가 다 책상그룹으로 엮여있거든요. 의사결정 구조가 그 책상그룹을 중심으로 되어있습니다. 얘기를 들어보면, 어떤 건 긴 과정, 예를 들어 어떤 하나의 사안을 결정하는 데 2~3년이 걸립니다. 또 빨리 진행되는 건 30분 만에 끝낸다고 합니다. 모바일폰 사용을 어떻게 통제할 거냐 같은 논의를 아주 빨리 진행했다고 합니다. 어느 정도 범위까지 그런 논의가 가능하냐, 예를 들어 교장에 대한 선출도 포함되는지 물어 봤습니다. 직접 선출은 아니지만, 어느 한쪽에서 의견이 나오고 결정이 되면, 교장을 바꾸자는 결정이 된다면 바로 힘으로 나타날 수 있는 구조라고 얘기하더라고요.

이광호 이 프로젝트를 하면서 이우학교를 굳이 선택하신 이유가 있어요?

김현철 저희들이 지금 독일, 미국, 한국, 대충 이렇게 혁신학교 사례 초점을 맞춰서 지금 하고 있는데, 그중에 이제 의정부여중 혁신학교 사례 하나 있었습니다. 그리고 저희가 일반 혁신학교 사례 말고 독특하게 읽어오는 대안적 제3의 길, 또는 대안적 지역공동체에 관심이 있어서 도심형 대안학교로서의 성미산학교를 살펴보았습니다. 이우학교도 좀 독특한 스타일이라고 볼 수 있잖아요. 그래서 그런 사례들을 비교하고 맞춰보고 있습니다.

정진헌 또 하나는 여전히 예를 들어서 지금 이 학교는 공교육 안에 들어가서 괜찮은데, 예를 들어서 아까 제가 물어본 겁니다. 독일에서는 왜 사립 기관이나 사적으로 하는 사립학교에 대한 신뢰도가 떨어지냐? 자기(볼프강 교장 선생님)도 원래 1960~70년대에는 당연히 사립 교육 시스템을 하려고 했는데, 마음을 바꾸었다고 합니다. 그러다 보면 어차피 그걸 할 수 있는 사람들에게만 혜택이 가는 거다. 차라리 공교육의 개혁이 필요하다고 해서 공교육 쪽으로 들어간 거니까, 지금도 사립하다 보면 결국 돈을 낼 수 있는 사람들만 참가하게 되고, 그러다 보면 결국 광범위한 혜택이 돌아갈 수 없기 때문에 공교육 개혁에 대한 의지가 더 강했다고 합니다. 독일에서는 그것을 국가가 책임져야 하는 문제이기 때문에 사적으로 운영되는 학교는 소수만을 위해 특권화된 것이라고 생각하는 겁니다. 정상적으로는 공교육 차원에 대한 신뢰성을 가져야 되게끔 하는 것이 목표고 그런 게 당연하다고 보고 있다는 거죠. 저도 개인적으로는 솔직히 '대안교육' 혹은 '흥미 학교'에 다 동의하고 좋아하긴 하지만, 여전히 그 부분들은 다 어떻게든 특권화되어 있는 사람들에게만 혜택이 돌아갑니다. 오히려 따지고 보면 그 혜택이 더 넓어져야 하는 상황에서 오히려 스스로 축소하거나, 자본주의에서 흔히 제일 많이 얘기하는 사유화(privatization)로 흐르는 문제가 발생하게 됩니다.

이광호 독일에도 나름 대안학교라 그래서 있어요. 우리 학교에 2006년 왔던 우리식으로 말하면, 독일의 자유학교가 있습니다. 덴마크에 비슷한 게 있습니다. 독일은 어떤 주에서는 그 학교를 인정해주고, 그래서 재정적 지원을 해주는 주가 있고, 어떤 주는 학력도 인정 안 해줍니다. 그러니까 어떤 주는 우리와 같은 조건이고, 어떤 주는 성미산학교 같은 조건인 거예요. 지금은 모르겠어요. 나름대로 그것을 인정해주는 주에서는 재정 지원도 받고 안정적으로 굴러가는데, 그렇지 않은 지역에서는 계속 법외에 있으니까, 힘들죠.

정진헌 법적으로 보면 독일은 부모가 잡혀갑니다.

이광호 우리나라가 비인가 대안학교를 만드는 것에 대해서 굉장히 허용적인 나라입니다. 이게 특이한 거예요. 독일은 의무교육 단계인데 취학 안 하면 굉장히 심한 페널티가 들어가거든요. 우리가 다른 거는 다 국가가 통제하는데, 교육도 국가가 통제가 심한데, 의무교육을 이탈하는 거에 대해서 통제를 안 합니다. 제가 봤을 때 그 이유가 뭐냐면, 강남 애들이 미국 가잖아요. 사실 개

네들 다 불법이거든요. 의무교육 기간 동안에 자기 부모랑 가는 거 빼고요. 애 혼자 가는 게 불법이에요. 법을 어기니까 여기도 허용해주는지 모르겠는데요. 비인가 대안학교에 굉장히 많은 애들이 있어요. 저는 저희가 처음 학교 설립할 때에도, 아까 말씀드렸지만, 우리가 하고 싶은 교육이 있고 제도적인 게 있는데, 조율을, 타협을 해야 되는 거거든요. 그래서 처음부터 우린 인가 학교를 생각했습니다. 어쨌든 정부 지원을 받아야 된다 생각했던 겁니다. 그러니까 그나마 이제 지속가능한 것이 된 겁니다. 저희가 하는 또 하나 고민은, 지금 그 논의를 하고 있는데, 우리가 전국에서 학생들을 뽑잖아요. 경쟁률이 꽤 높아요. 제일 중요하게 생각하는 건 '부모가 우리의 철학에 동의하느냐?'입니다. 왜냐하면 막 초창기에 와가지고 학교가 지향하는 것과 무관하게 자기 식으로 해석하는 경우가 있었거든요. 아마 독일에서는 이해 못하겠지만, 우리가 대한민국 학교 중 유일하게 사교육을 못하게 못 박은 학교에요. 사교육을 하는 순간 그 아이에게는 상급학교 진학에 상당한 불이익이 가요. 대입 추천서 안 써줘요. 굉장히 큰 거거든요. 근데 사실은 이런 걸 하려면 부모가 우리의 철학에 동의해야 해서, 사실은 우리가 학생들 선발할 때 굉장히 중요하게 그걸 봤습니다. 그런데 한편으로는 역으로 너무 많은 사람들이 떨어지는 거예요. 상처를 받고. 그래서 '이게 맞나?' 특히 중학교가 심해요. 고등학교는 어차피 그렇게 경쟁률이 높지가 않아요. 2.3:1밖에 안 되는데, 중학교는 10:1 정도 된다고요. 그래서 이제 중학교를 우리도 점차 추첨하는 방식으로 가고 있습니다. 그런데 한꺼번에

다 하게 되면 어렵습니다. 왜냐면 적어도 우리 학교 철학에 충분히 공감하는 사람이 일정 비율 있어줘야 돼요. 그러니까 추첨의 비율을 조금씩 넓혀 나가는 걸 생각하고 있죠.

김현철 저쪽(괴팅겐 통합학교)도 비슷한 방식이거든요. 일단 일차적으로는 정원이 있고, 남녀 비율이 있고, 특수아동이 있고, 계통들이 있으니까, 여기 구조에 맞는 정도의 정원을 미리 배정을 해놓고 나머지는 추첨을 하는 거지요. 그러니까 이제 학부모들 불만이 사라졌다는 거예요. 그러니까 안 그러면 당연히 이 아이랑 저 아이랑 친구였는데, 신청했다가 이 아이만 돼버리면 엄청 상처를 받겠죠. '난 뭘 못했을까?' 학부모 항의도 있을 수도 있습니다. 그런데 추첨을 하고 나면 그게 없다는 거예요.

이광호 우리와 같은 교육을 받고 싶어 하는 부모들의 숫자가 많은데, 전형 때 보면, 구구절절 사연들이 옵니다. 그런데 우리가 받지 못하는 아쉬움이 있습니다.

정진헌 여기(괴팅겐 통합학교)는 아예 추첨이거든요. 다만, 설명을 좀 들으셨겠지만, 학생이 김나지움인지 레알슐레인지 추천받는 자리에 같이 지원을 하면은 그 쿼터에 맞춰서 추첨을 하는 거죠. 불만 가진 부모가 고소를 하면 자기가 설명을 할 수 있어야 하는데, 만약에 얘가 이러저러해서, 그렇게 될 경우에 당연히 책임지게 된다는 거죠. 그니까 결국은 추첨했다고 하면, 아무 말도 못하는 거라고 합니다. 동의하는 부모들만 뽑게 된다면, 그 내부에서 다양성이 충족이 안 되는 거 아닌가 생각했습니다.

이광호 그건 약간 달라요. 부모들의 다양성이 아닙니다. 부모들은 딴 거 없고 '우리의 철학에 동의하느냐?'입니다. 그 지표가 사교육을 받지 않는다는 약속입니다. 그건 용납할 수 없는 거예요. 두 번째는 이제 그걸 동의한 부모들이 있는데, 애들이 있을 거 아니에요, 애들은 다양하잖아요. 음악 좋아하는 아이, 체육 좋아하는 아이, 부모들은 하나의 기준이 되는 거고, 그 부모들이 그 기준에 동의한다면, 애들은 다양하게 뽑는 거죠. 이게 사실은 문제예요. 굉장히 계량화되기 어려운 거예요. 인근 초등학교에서 많이 온단 말이에요. 담임 선생님이 볼 때, 애가 우리 반에서 제일 탁월한 아인데 떨어져요. 그리고 얘는 제일 지질한 아인데 붙어요. 또 우리는 뭐가 있냐면 한 15퍼센트, 20퍼센트를 정말로 어려운 애를 뽑는다는 기준이 있어요. 어려운 아이들, 장애가 있거나 가난하거나. 그러니까 그런 아이들을 먼저 뽑아놓고 나머지 애들 중에서 이런 특징 갖은 애, 저런 특징 갖은 애를 뽑아내요. 그러다 보니까 학교에서 볼 때는 굉장히 우수하다고 생각했던 애가 떨어지고 약간 자기가 볼 때 훨씬 밑에 있는 애가 붙는 경우도 있습니다. 처음에는 이것을 이해 못하시는 분들이 많았습니다. 그러나 지금은 많이 이 원칙을 이해했어요. 지금은 그래도 어른들은 다 이해하는데, 애들에게는 상처가 되는 거죠.

정진헌 재정을 정부에서 주는 게 이것도 지방정부에서 나오는 거 아닌가요? 아니면 중앙정부에서 나오는 건가요?

이광호 유럽하고 우리하고 가장 다른 점은 유럽은 행정자치와 교육자치가 거의 연계되어있어요. 우리는 지방자치와 행정자치가 분리되어 있어요. 도지사 선거, 교육감 선거 따로 하잖아요. 그러면 지방재정이라는 것은 지방교육재정교부금법에 의해서 만들어져요. 그게 뭐냐면, 유초중고 교육비는 어디서 오냐면, 내국세의 20.27퍼센트인 지방교육재정교부금에서 나옵니다. '우리나라 내국세의 20.27퍼센트는 무조건 지방교육재정교부금이다.'라는 것이 법에 있어요. 그러면 이제 우리나라 전체 내국세의 20.27%를 교육부가 초중고 교육으로 교육청에 주는 거예요. 그걸 분배하는 기준이 있죠. 근데 그걸 이번에 막 바꾸려고 하는 겁니다. 우리나라 문제가 된 게 뭐냐면 두 가지예요. 감세 때문에 내국세가 줄어들어요. 그러니까 지방교육재정교부금 파이가 적어요. 그러니까 시도 교육청이 다 돈이 없는데, 박근혜 정부가 누리과정을 뒤집어 씌우니까 지금 우리나라 시도 교육청이 다 뒤집어지는 거거든요. 거의 지금 같이 가면, 시도 교육청 중에서는 대구가 심한데, 대구는 교육감이 일부러 "내년에 교사 월급 못 준다"는 디폴트 선언하겠다는 겁니다. 그러니까 우리도 돈을 직접 주는 거는 교육청이 주지만, 사실 중앙정부의 돈에서 나오는 겁니다.

정진헌 전국적으로 지원서를 받으시는데, 지방 차원에서 돈이 나오는 거라면, 지역에서 지역 애들이 선발이 안 되면 불만이 있지 않을까요?

이광호 그렇지는 않고요. 우리는 입학하게 되면 어쨌든 다 이 동네로 이사 오거든요. 대부분 또 이 동네에서 지원을 많이 합니다. 기숙사가 없으니까요. 서울이나 다른 데서 합격하게 되면, 우리는 무조건 이사 오는 것을 전제로 뽑습니다. 저희가 성남시에서 예산을 꽤 받거든요. 그것은 이제 아까 말했던 학교 기부 운영비는 국세고, 행정자치단체에서 받는 게 있어요. 그것을 적용해서 올해도 이것저것 하니까 억대의 돈을 받지요. 대부분 또 애들이 여기 사니까.

정진헌 좀 유사성도 있어서 소개를 드리면, 제가 이제 말씀드렸다시피, 이 학교는 1970년에 사람들이 모여서 괴팅겐 대학에 교육자, 정치가, 학부모, 건축가 이 사람들이 모여서 다년간 북유럽, 독일에서의 연구를 통해 컨셉을 만들어냈어요. 그래서 1975년에 개교한 건데, 여기는 일관된 게 있어요. 굉장히 중요한 게 책상그룹이라는 것이 있습니다. 책상그룹은 유닛입니다. 학생들이 한 반에 30명이 되면, 6명이 한 테이블 그룹을 만들어요. 책상그룹 6명은 남자 3명, 여자 3명으로 구성되는데 6명 중에는 김나지움 추천을 받은 아이들 3명, 레알슐레와 하우프트슐레를 추천 받은 아이들 3명이 포함됩니다. 이렇게 같이 한 팀이 돼서 1년간 같이 프로젝트를 합니다. 학생들만 그런 게 아니라 교사들도 책상그룹을 만듭니다. 이게 교무실 모양이거든요, 교사들도 그런 식으로 한 팀으로 구성되어 있습니다. 행정 교직원도 마찬가지입니다. 교사들 같은 경우에도 한 학년의 교사들이 알아서 시간표를 짭니다. 이제 자기가 만약에 아파서 못나간다고 하는 것도 교장한테 보고하는 게 아니라, 자기 동료한테 얘기해서 "못 나가니까 수업을 알아서 해 달라." 하고 말합니다. 그리고 이 자치권이 교사들한테 학년별로 되어 있고요. 그래서 그런 테이블 그룹 중심으로 보면, 그 작은 단위들이 쭉쭉쭉 퍼져나가서 공간도 아예 그 컨셉에 맞춰서 학교가 만들어졌습니다. 그래서 각 반들이 이렇게 돼서 조그맣게 그룹들이 다섯 개의 책상그룹, 그 다음에 각 반들이 여섯 개 배치되고, 교무실이 있고요, 가운데는 리빙룸 식으로 개방되어 있습니다. 아이들이 놀기도 하고 여기서 수업을 진행하는 경우도 있습니다. 이런 식으로 한 학년 딱 돼있고, 그 위층에 다른 학년, 그 다음 그 다음 다른 학년들이 탁탁탁탁 배치가 돼서 하나의 배움 공동체가 딱 진행이 되고 있죠. 6년간 10학년까지 같이 이렇게 쭉 가는 겁니다. 교사나 애들이나 다. 책상그룹의 아이들은 1년에 한 번씩 다 바뀌게 돼있고, 그러면 6년 동안에 한 명씩 다 돌아갑니다. 그리고 책상그룹 저녁 미팅이라고 해서 1년에 네 번을 돌아가면서 학생 집에서 평가회를 엽니다. 교사와 다른 학부모들까지 와서 평가회를 갖습니다. 지난 3개월에 걸친 평가를 합니다. 학생들이 평가하고, 학부모들이 평가하고, 교사들도 평가하고. 이런 평가회를 1년에 4회 하고, 그것도 돌아가면서 초대해서 하는 거죠. 6년을 같이 하면 한 번씩은 그 집을 둘러보게 되는 겁니다. 이 책상그룹이 결국은 이 학교의 교육관이 그대로 들어가 있는 하나의 시스템입니다. 학부모들은 학교에 아이들을 입학시킬 때 계약서에 서명하게 되어있는데, 책상그룹 저녁 미팅에 반드시 참가하게 되어있어요. 그런데 이제 알아야 되지 않습니까. 교사들도 이런 시스템으로 운영된다는 것을 처음부터 모르기 때문에 선배 교사가 멘토로 붙고, 새로운 교사가 오면, 집중 오리엔테이션 들어갑니다. 교사가 잘 못하고 있으면, 학부모나 학생들이 "책상그룹은 이렇게 하는 거예요"라고 하면서 서로 배워나가면서 시스템들이 돌아갑니다. 이 책상그룹이라는 것 하나로 교육관이 유지가 되고 이어질 수가 있다는 거죠. 어제 대구에서도 그렇고, 대안교육에 대한 얘기를 하더라도 이분의 주장은 그거죠. 사람이 바뀐다고 제도가, 미국 사례도 그런데, 교장이 한 번 나와서 개혁을 했는데, 교장 바뀌니까 원상태로 돌아가는 것은 소용이 없다. 지속 가능한 시스템을 만드는 게 중요하다. 이게 독일의 굉장히 독특한 마인드예요. 어디나 그렇지 않습니까. 하나는 응축된 걸 컨셉으로 만들고, 종자를 하나 만들어 놓고 그걸 중심으로 하면, 나머지는 큰 문제가 안 됩니다.

이광호 우리는 이게 학교 건물인데, 이게 학교 조감도인데, 우리가 지금 여기 있는 거죠. 이 건물을 올해 지어요. 이게 중학교 1학년, 2학년, 3학년, 고등학교 1학년, 2학년, 3학년, 식당, 도서관, 지하가 학생 공간인데, 설계할 때 어떻게 했냐면, 여기가 1학년 1반, 2반, 3반, 1학년 교실, 2학년 1반, 2반, 3반 교실 이렇게 한 거거든요. 이 중학교 1학년 팀은 중학교 1학년 거의 전권을 다 가져요. 교육과정에 관한 것, 학사일정에 관한 것 등. 거의 아까랑 비슷해요. 전권을 다 줍니다. 또 하나는 행정이 굉장히 많아요. 일반 공립학교에서는 교무부장, 학생부장, 이런 사람들이 승진하는 코스예요. 교무부장 다음은 교감이란 말이에요. 교무부장이 교감이 되려면 수업도 해야지만 행정 업무도 잘해야 되요. 대부분 교무부장이 나이가 많아요. 교무부장이 지시하고 통제해요. 저희가 개교할 때 "이것을 깨자" 해서 여기가 교무실인데, 교무실에서 모든 행정을 다 처리해요. 그러니까 애들 만나는 선생님들은 수업과 애들을 만나고, 공문 처리를 여기서 다 해요. 이 사람들은 교사예요. 이 사람들은 담임을 안 하는 대신에 수업을 하고 나머지를 전부 합니다. 이게 되게 중요한데, 이 위치가 여기가 여기를 통제하는 위치가 아니에요. 여기가 여기를 지원하는(support) 위치죠. 이것을 우리가 스몰스쿨이라고 불렀어요. 학교는 하나지만, 우리는 6개 학년이니까, 6개의 학교가 있는데, 스몰스쿨에 독립성을 줍니다. 이게 처음 2003년도에 시작했어요. 다들 비웃었거든요. 그런데 현재 의정부여중이랑 거의 모든 혁신학교가 이 방식입니다. 학년부가 거의 모든 혁신학교에 퍼져 있습니다. 이게 굉장히 중요한데, 공립학교와 안 맞는 거는 뭐냐면, 우리는 교감, 교무부장, 의무부장이 학년 팀을 지원해주는 경우인데, 공립학교는 승진 시스템이 있으니까, 여전히 교무부장이 약간 위에 있어요. 철저하게 딱 보여요. 우리는 4명이 그룹이잖아요. 처음에는 책상도 만들었어요. 아예 고정 책상을, 뭐냐면 지금은 그게 없는

데, 의자가 이렇게 있으면 이렇게 동그랗게 판 거예요. 4개 붙일 수 있고, 8개 붙일 수 있고, 그런데 그게 애들이 이동하기가 너무 힘들어요. 우리는 아예 모든 수업은 4명 정도로 해요. 옛날에는 수학 수업은 두 명으로, 국어는 6명으로 해봤는데 너무 불편하니까 항상 4명의 협력 수업을 하는 거죠.

각국 혁신 학교 사례들의
시사점과 전망

김 현 철

1. 독일 괴팅겐 통합학교의 시사점

독일 괴팅겐 시의 괴팅겐 통합학교의 사례가 한국 중등교육에
시사하는 바는 크게 다음 세 가지로 살펴볼 수 있는데, 한국에서
도 그와 유사한 점을 찾아볼 수 있다. 볼프강 교장이 "좋은 학교"
가 가지는 공통점을 한국에서도 발견하였듯이, 아이들 중심, 평등
한 관계 중심, 그리고 자연 친화적 학습 환경 등을 구현하는 학교
들은 한국에도 적지 않다. 그렇지만 이미 1장 결말에 소개한 내용
에 덧붙여 보다 정밀하게 한국 교육 지형에 맞는, 그래서 보편적
으로 적용 가능한 성찰을 해볼 필요가 있다. 좋은 학교를 만들고
싶어 하는 교사와 학부모, 정치가와 학자 등 어른들에게 합당한
점들을 고찰해 보자.

첫째, 괴팅겐 통합학교는 독일의 특수한 역사적 배경 안에서 고안된 혁신 학교 모델이라는 점이다. 이것이 시사하는 바는 다시 두 가지로 나눠진다. 하나는 괴팅겐 통합학교를 구상하고 실천한 당시 개교 준비팀은 물론 지금까지 이어지는 초심에 대한 역사적 이해를 충분히 해야 한다는 것이다. 또 하나는, 한국에서의 대안적 혁신적 학교 창출 역시 한국적, 지역적 지형과 역사, 나아가 미래지향적 현재의 열망들을 충분히 반영하는 노력이 필요하다는 점이다. 이는 아주 단순한 정언명제이지만 늘 곱씹어야 하는 진리이다.

우리가 다른 나라의 사례를 본받아 적용하고자 할 때, 두 가지 편견과 실수를 동시에 또는 각각 다르게 범하는 경향이 있다. 하나는, 극단적 배타성이다. 맥락이 다르니 우리 상황에 적용 가능하지 않다고 치부하는 태도이다. 다른 하나는 맥락의 고려 없이 차용하는 일방적 모방이다. 둘 모두가 잘못되었다는 것은 누구나 알지만 실제 현실에서는 항상 범하게 되는 오류이며 그 뿌리는 하나에서 비롯된다. 바로 성과 중심적 관점 때문이다. 그것도 단기간의 성과를 중시하고자 하는 태도이다.

독일 괴팅겐 통합학교의 혁신 문화는 그 뿌리가 깊다. 짧게는 1968년 멕시코에서부터 시작되어 전 유럽 및 아메리카의 젊은이들을 권위주의와 군사 행위에 반대하는 시위로 이끌었던 시민운동이 주요 동력이다. 당시 새로운 사회의 패러다임을 고민하던 사람들은 그 노력을 미래 세대를 위한 교육 영역에 담았다. 여기서 핵심은 자기들의 사회문화적 뿌리와 역사에 대한 총체적 성찰, 그리고 주변국 사례들에 대한 치밀한 조사와 분석, 그래서 만들어진 핵심 개념을 모든 영역에 일관되게 적용하였다는 점이다. 근대 국가에서도 다른 유형으로 지속되는 봉건적 계층 분화, 그러한 불평등한 사회 질서를 재생산하는 3중 학교 시스템 등과 더불어, 나치즘이 나오게 된 원인 중 하나로 해석된 획일화를 추구하는 교육은 반드시 극복하고자 했다. 그러나 그러한 극복과 대안적 패러다임의 정착이 단시간에 이루어지는 건 아니었다. 당장 몇 년 사이에 성과를 거둘 수 있는 내용이 아니기 때문이다. 교육의 성과는 단순하지 않다. 더욱이 더 넓은 파급 효과를 가지는 것은 더더욱 오랜 시간이 걸린다. 사실 독일 전역으로 본다면 괴팅겐 통합학교 같은 통합학교는 40년이 지난 지금도 김나지움에 비해 상대적으로 그 수가 적다. 지역별로 본다면 아예 통합학교를 거부하는 곳도 많으며, 통합학교로 변형했다가 다시 3중 학제로 되돌아가는 곳들도 있다. 전통적 기득권은 늘 회복력이 강하고 빠르다. 사람들이 그에 익숙하기 때문이며, 단기적 성과를 중시할수록 더더욱 위태로운 것이 새로운 도전이기 때문이다. 그럼에도 불구하고, 괴팅겐 통합학교는 보다 긍정적인 미래를 내다본다. 괴팅겐 시에서는 통합학교를 요구하는 학부모들과 학생들이 늘었으며, 그를 충족하기 위해 괴팅겐 통합학교 같은 학교가 더 생기는 추세이다. 전국적으로 보더라도 김나지움의 수는 줄어들고 대신에 통합학교 수는 늘고 있다. 그러기까지 40여 년이 흐른 것이다.

한국의 혁신학교 움직임도 기나긴 호흡을 염두에 둘 필요가 있다. "혁신"이라는 단어가 자칫 단기 속성의 성과를 내올 것으로 예상하는 건 위험하다. 사실 한국 역사에서는 총체적 성찰과 그에 대한 대안적 아이디어와 시도가 오랜 세월을 두고 성공한 경험이 적다. 아니 부재하다고 하는 게 옳겠다. 독일, 나아가 유럽은 16세기 초반 마틴 루터로 촉발된 종교개혁을 이루어냈다. 종교적 개종이 개인에 머무르지 않고 지역적 정체성으로 전환된 역사가 있다. 서구의 근대는 주요한 혁명들로 패러다임의 전환을 내부로부터 이루어낸 경험이 있음도 우리는 이해해야 한다. 이러한 역사적 뿌리는 대안을 만들고 그것을 실현하고자 지속해서 노력하는 지역 민주주의를 키웠다. 식민지를 확장했던 과오도 그 안에서 나왔고, 그것을 반성하는 지성도 거기서 나왔다. 반성에 이은 대안은 그래서 깊지만, 동시에 늘 아주 간결하다.

그래서 두 번째 시사점도 단순하다. 바로 괴팅겐 통합학교에는 성적표가 없다는 것이다. 아직은 8학년까지만 성적표가 없지만, 점차 모든 학년의 성적표를 없앤다는 것이 목표이다. 점수로 환산된 성적표를 없애는 것은, 서열화를 통한 선별제를 거부한다는 명확한 의지의 구현이었다. 괴팅겐 통합학교의 볼프강 교장은 달걀 공장의 선별 기계를 예로 들면서 선별제를 비판한 적이 있다. 지금도 김나지움으로 대표되는 독일의 근대 교육 시스템은 아직 잠재력이 풍부한 아이들을 일찌감치 "선별"하려는 문제가 있다는 것이다. 성적표 철폐의 배경 중 또 다른 이유는, 위에서 제시한 원칙, 즉 아이들 중심의 이해와 요구를 반영하는 것 때문이기도 하고, 성적표로 야기되는 가족과 학교의 스트레스, 즉 사회적 스트

레스는 참된 인재 교육에 전혀 도움이 되지 않는다는 판단 때문이기도 하다. 실제로 성적표가 없는 상황은 학교생활과 그의 연장선상인 가정과 친구 관계에 질적 변화를 경험케 한다. 부모들은 성적이 떨어진 것 때문에 아이들을 혼낼 필요도 없고 다른 아이들과 비교할 필요도 없다. 등수로 서열화되지 않는 반 아이들은 서로의 품성과 지성을 총체적으로 경험하게 된다. 당연히 누군가는 다른 친구들보다 수학을 더 잘한다는 걸 알게 된다. 그러나 수학을 상대적으로 못하는 누군가는 다른 부분에 있어서는 더 월등할 경우 우열을 가리는 건 무의미해진다. 전체 석차로 서열화시키지 않기 때문에 더더욱 그렇다.

'성적표가 없다면 아이들 실력을 어떻게 구별할 수 있느냐?'라는 우려를 한다면 그건 이미 선별식 교육 시스템을 그대로 고수하고자 하는 관점을 반영할 뿐이다. 한국의 교육에서 가장 문제가 되는 것을 해결하려면 그 원인이 되는 것 자체를 철폐하면 된다. 개인별 재능을 인정하고 계발하고자 하는 개인 맞춤형 교육, 경쟁이 아닌 상생과 협력 정신을 기르는 학습, 그래서 개인과 팀워크를 동시에 실천하는 협력적 인간형을 추구하는 교육을 하려면 성적표 같은 걸림돌은 아예 제거해 버려야 한다는 결단성을 괴팅겐 통합학교의 사례는 보여주고 있다.

그리고 이러한 결단성은, 교사, 학생, 학부모 모두가 함께 공유하고 실천하는 관계적 산물이다. 괴팅겐 통합학교가 시사하는 세 번째, 그러나 무엇보다 중요한 교훈은 학부모 참여의 장이다. 바로 본문에서도 소개한 "책상그룹 저녁 모임"의 존재이다. "책상그룹"은 위에서 거론한 모든 대안적 교육철학이 현현된 실체이다. 아이들의 책상그룹 활동을 위해서는 성적표는 악이지 선이 아니다. 책상그룹 활동에서는 획일화된 지식 전달이 아예 가능하지 않게 된다. 책상그룹은 한 번에 익숙해지는 문화가 아니라 장기간 실수와 오류를 겪으면서 몸으로 익히는 과정의 산물이다. 초반부터 단기 속성 기간에 성과를 내고자 하는 활동에는 적합하지 않다. 관계 맺기를 배우는 과정 동안에는 그래서 서로 불만도 있고 다투기도 한다. 그러한 불협화음은 차라리 반드시 경험할 필요가 있다. 내부적 갈등도 함께 끌고 가며 함께 해결하는 능력을 배우는 것이 책상그룹의 목적이지, 단체를 통제하기 위한 수단이 아니기 때문이다. 아이들 간에 서로 불편함이 있더라도 부모들이 서로 만나 얘기하며 친교를 맺고, 아이들 문제에 직접적으로 관여함으로써 아이들 관계는 보다 풍부해진다. 이러한 입체적 관계 맺기를 유도하는 것이 책상그룹 저녁 모임의 장점이다. 잘살건 못살건, 많이 배웠건 덜 배웠건, 본토박이건 이주민의 자녀이건, 한 부모 가정이든 계부모 가정이든, 책상그룹의 아이들은 서로의 집을 부모와 함께 방문할 기회를 갖는다. 여기에는 교사도 초대된다. 그들은 함께 모여 지난 3개월간의 책상그룹 활동을 아이들 입장에서 평가하고 모두를 위한 대안을 고민하기도 한다. 부모들은 서로에 대해서도 알아나간다. 부모들이 친해지면 서먹한 아이들 관계가 나아지기도 한다. 한 반의 아이들이 1년에 한 번씩 새로운 책상그룹 멤버들을 경험하듯, 부모들도 모든 아이들과 그 아이들의 부모들을 친밀하게 만날 기회가 생기는 것이다. 괴팅겐 통합학교에서는 책상그룹 저녁 모임 참여를 모든 학부모들에게 의무화했다. 학교 입학을 선택하는 필수 계약 조건에 해당하기 때문이다. 이는 자기 자녀 교육의 권리만 내세우는 부모가 아니라, 그 공동체의 교육에 책임지고 동참하는 동반자로서의 위치를 확인하고 실천토록 하는 부모 교육의 일환이다.

이러한 독일 괴팅겐 통합학교의 사례는 단지 독일이기에 가능한 것이라 치부할 수 없다. 한국과 여건이 다르다는 것을 인정하기에 구체적 제도의 이름과 방식이 아니라 그것을 관통하는 의지와 철학을 통찰하고 그것의 구현 방식을 이해하면 우리 여건에 맞는 방안으로 적용이 가능해진다. 실제로 위에서 제시한 시사점들은 한국 여기저기서 실천하는 내용들이기도 하다. 대학 입시를 목적으로 하지 않는 대안학교도 있고, 학부모 참여가 거의 절대적인 공동육아와 공동체 교육운동도 존재한다. 괴팅겐 통합학교가 아직 독일의 지배적인 시스템이 아닌 점을 고려하면, 한국에서의 다양한 실험들이 있다는 것 역시 존중되어야 한다. 그럼에도 불구하고, 총체적으로 마지막으로 거론할 필요가 있는 것이 있다. 그것은, 독일 괴팅겐 통합학교는 위와 같은 활동들이 공교육 안에서 실현되고 있다는 점을 보여준다. 공교육 공간에 서열화된 권위 의식과 단기적 프로젝트들이 사라지고, 지역 여건에 맞는 다양한 혁신들이 지속되도록 그 지역의 공동체가 함께 노력하고 있는 것이다. 그리고 지금도 그러한 참여 문화가 괴팅겐 통합학교를 넓히고 있다.

2. 미국 센트럴파크이스트 중등학교가 주는 시사점[1]

2장에서 살펴본 센트럴파크이스트 중등학교의 혁신적인 면모는 학부모들이 선택할 수 있는 작은 학교 지향, 마음과 작업과 감정의 습관 함양, 주제 탐구에 기초한 교육과정 혁신, 학예발표회와 포트폴리오로 대표되는 수행을 중심으로 한 평가 방식, 대화와 소통 구조, 상호 존중의 문화로 요약할 수 있다. 이는 마이어 자신이 좋은 가르침을 조성하는 조건으로 들고 있는 상호 존중하는 문화, 책임감뿐만 아니라 탐구를 함양하는 마음의 습관, 작은 학교, 학교 선택제, 가르침과 배움에 있어 학교의 자율성, 관계를 쌓고 무슨 일이 일어나고 있는지에 대해 반성하는 많은 시간의 측면을 반영하고 있다(Meier, 1995: 330). 또한 신뢰와 상호 존중에 기초한 배려가 다수결이나 행정 명령보다 더 강력한 힘을 발휘한다는 점에서 배려 공동체로서 학교의 위상을 보여준다.

이상의 탐색을 토대로 센트럴파크이스트 중등학교 사례가 우리 학교 혁신에 줄 수 있는 시사점을 생각해보자.

첫째, 오늘날에도 진보주의 교육에 기초한 학교 혁신이 여전히 유의미할 수 있다는 점을 시사한다. 센트럴파크이스트 중등학교는 그러한 혁신에 주로 제기되는 학력 저하 비판에 대응하면서 마음 습관의 내면화, 박사 학위 심사 과정과 유사한 졸업사정을 통

---

1. 이 부분은 정훈(2014: 110-114)에 기초해 일부 내용을 수정 · 보완한 것이다.

해 아이들의 사고하는 힘을 오히려 효율적으로 길러준다. 가리야 다케히코(苅谷剛彦, 2002)는 일본 교육개혁의 핵심인 (교과 내용의 삭감을 통한) 여유, (스스로 학습할 수 있는 능력과 문제해결력을 길러주는) 살아가는 힘, (체험학습 위주의) 종합학습 같은 '미국식 아동 중심 교육'이 '학력 저하'와 '계층 불평등의 악화'만을 계속해서 생산해 경제적으로나 문화적으로 혜택 받지 못한 마이너리티 아이들이 가장 불이익을 받게 한다는 점을 지적한 바 있다. 그러나 센트럴파크이스트 중등학교의 사례는 이와 다른 결과를 보여준다. 이 학교는 미국 뉴욕 주에서 가장 소외된 지역인 이스트할렘의 아이들을 대상으로 한 진보주의적 학교 혁신을 통해 큰 성과를 거둔 바 있다. 1991년 이 학교의 중도탈락률은 5퍼센트 미만, 대학 진학률은 90퍼센트였다. 이는 매번 이어지는 졸업생들에게도 지속되었고, 1994년 졸업생들은 학업성취와 진학한 대학의 질적 측면에서 이전 선배들을 능가했다(Meier, 1995: 52-53). 이러한 성과는 낙오방지법 같은 시장화를 따르지 않더라도, 그리고 전통적 교육방법이 아니더라도 뛰어난 성과를 가져올 수 있다는 점을 보여준다. 또한 이 학교가 강조하는 다섯 가지 지성적 마음의 습관은 대학생 수준 이상의 사고하는 힘을 길러줄 수 있다는 점에서 결코 지성의 함양을 간과하지 않는다. 데이비스(Davis, 2004: 108)가 잘 표현한 바처럼 이 학교는 좋은 인간관계를 아주 많이 강조하면서도 놀랍게도 학문적 수월성을 희생시키지 않았다. 오히려 이 학교는 마이어 이후 낙오방지법 같은 표준화 정책에 굴복하면서 급속한 교사 이직과 교직원들의 사기

저하, 학생들의 낮은 성취 수준으로 고통을 받았다. 그러다 2004년 결국 뉴욕 시 교육청에 의해 센트럴파크이스트 중학교와 고등학교로 분리되고 말았다. 이후 후임 교장 리버먼의 리더십 아래서, 중등학교가 재도약을 이루기도 했지만 그것은 전통적 교육을 통해 그렇게 된 것이었다.[2] 이는 성취도 측면에서 효과성을 가져올 수는 있겠지만 시험 위주의 주입식 교육 같은 기존 전통적 교육의 문제를 다시 드러낼 수 있을 것이다. 이에 우리는 낙오방지법 같은 시장주의 개혁을 통해 전통적 학업성취 모델로 회귀하지 않으면서도 빈곤층 아이들뿐만 아니라 일반 아이들의 교육에 적합한 학교 혁신 모델을 센트럴파크이스트 중등학교 같은 진보주의 학교 모델에서도 찾을 수 있을 것이다. 설립자 마이어 자신은 진보주의에 입각한 교육 실천들이 빈곤층 학생들과 유색인종 학생들에게 적합할 것이라는 신념을 계속해서 견지했고(Semel & Sadovnik, 2008: 1761), 그것을 성공으로 입증했다.

둘째, 자율과 자치를 보장하는 학교 혁신을 위해서는 그 물리적인 조건으로 큰 학교 중심에서 벗어나 작은 학교와 같은 구조로의 변경을 모색할 필요가 있다는 점을 시사한다. 마이어가 의미하는 것과 같은 완전히 독립된 형태의 작은 학교들로의 분화가 당장 어렵다면 잠정적으로나마 '큰 학교 내의 작은 학교' 구조를 시도해 보거나, 센트럴파크이스트 중등학교가 시도했던 것처럼 학교 전체 교사들과 학생들을 디비전, 하우스, 어드바이저리로 이어지는

---

2. http://insideschools.org/high/browse/school/187

소규모 단위로 우선적으로 재배치하는 방법을 모색할 수 있을 것이다. 이와 관련해 아이들의 발달 단계에 따라 초등학교를 1·2학년, 3·4학년, 5·6학년으로 묶어 스몰스쿨로 만든 뒤 스몰스쿨별로 교사들의 협력을 유도하려 한 우리나라 보평초등학교 같은 사례는 참고할 만하다.

셋째, 학교 내 소통이 원활해지려면 무엇보다 구성원들 간의 대화와 의사결정, 참여 기회가 확장되어야 한다는 점을 시사한다. 그러나 이러한 기회의 확장은 당사자들 간의 회합을 형식적으로 배치하는 것을 통해서가 아니라 학교 전체의 일상 문화 속에서 그러한 회합이 자연스럽고 순환적으로 이뤄질 수 있게 하는 것이 중요하다. 센트럴파크이스트 중등학교의 작은 학교 구조는 별도의 소통 장치 없이도 학교 전체가 하나의 소통 장치가 될 수 있다는 점을 보여준다. 하나의 현안이 발생하면, 구성원들은 거의 아무런 통보 없이도 만날 수 있고, 한곳에 모여 둥그렇게 둘러 앉아 서로의 말을 끝까지 들어줄 수 있었다. 그곳에는 복잡한 운영 구조들, 위원회들 중의 위원회들, 대표자들 중의 대표자들, 교직원들 간의 차별, 학년과 학급의 구별이 필요 없었다. 서로 얼굴을 맞대고 거듭되는 지속적인 대화는 교육에 기여하는 강력한 힘으로 작용한다(Meier, 1995: 204-205). 이를 위해 센트럴파크이스트 중등학교가 교사들이 서로 만나 이야기 나누도록 일주일에 학교 일과 시간 중 6시간을 할애하고, 아침 모임이나 점심시간을 활용해 대화의 구조를 이어가는 것을 참고할 수는 있을 것이다. 그렇지만, 학교 전체가 자연스럽게 하나의 위원회와 같은 역할을 하도록 문화와 여건을 조성하는 것이 더 중요하다는 점을 잊지 말아야 할 것이다. 이를 위해서는 센트럴파크이스트 중등학교가 입증하고 있는 생활양식으로서의 민주주의가 요구하는 두 조건인 '많은 수와 다양한 종류의 관심을 의식적으로 공유하고 전달하는 것', '다른 공동생활과 다양하고 자유로운 상호교섭을 벌이는 것'(Dewey, 1916: 130-131)이 우리 학교에서도 뿌리내릴 수 있도록 노력할 필요가 있다. 그리고 이 노력은 이 학교에서처럼 "모든 성원이 서로 주고받는 기회를 균등하게 가지고 있어야 하고, 그 성원들이 아주 다양한 활동과 경험에 공동으로 참여하는 것(Dewey, 1916: 132-133)"을 통해 가능할 것이다.

넷째, 신뢰와 상호 존중의 밑바탕 속에서 원활한 소통이 가능할 수 있다는 점을 시사한다. 센트럴파크이스트 중등학교의 사례는 신뢰와 상호 존중의 관계를 구축하는 데 있어 작은 학교라는 물리적 조건이 필요한 것도 사실이지만, 그것이 단시간에 가능한 것이 아니라 구성원들에게 충분한 시간이 필요하다는 점을 말해준다. 이 학교도 초창기에 동료들 간의 다툼으로 많이 휘청거리기도 했으나, 문제들을 은폐하기보다 드러내 놓고 그것을 때로는 더 많은 시간을 두고 토론함으로써 초창기의 어려움을 극복할 수 있었다. 우리 교사들 역시 혁신학교를 실천하는 초창기 하나의 의견을 결정하기 위해 많은 시간과 노력이 필요했고 처음 경험하는 민주적인 회의 진행 과정에서 피로감과 어려움을 느꼈다는 점을 고백한다. 그러나 그들은 함께 참여하고 결정하는 과정에서 학교에 대한 주인 의식이 생겼고 서로를 조금씩 이해하는 과정이 되었다(박종철, 2013: 52). 센트럴파크이스트 중등학교 구성원들처럼 우리 교사들이 시간을 두고 신뢰와 상호 존중을 쌓아가려는 인내를 발휘하고 시간의 여유를 갖고 다른 사람의 이야기를 충분히 듣고 신중하게 생각하며 논의 과정에 참여한다면, 그들은 동료들을 신뢰할 수 있고 민주적인 의사소통 구조 속에서 생활하며 더 많은 소통과 협력의 결과를 만들어낼 수 있을 것이다(박종철, 2013: 93, 100참조).

다섯째, 결국 교사들이 학교 혁신의 동력일 수밖에 없다는 점을 시사한다. 센트럴파크이스트 중등학교 사례는 하향식 혁신이 아닌 교사 스스로가 움직이는 상향식 혁신의 전형을 보여줌으로써 교사들에게 학교 혁신의 주도권을 주고 그들로 하여금 민주적 대화와 협력 속에서 의사결정을 해나갈 수 있게 하는 것이 중요하다는 점을 일러준다. 1990년대 초중반 열린교육 운동의 실패 원인 중 하나가 정부 주도의 하향식 개혁 추진에 있었다는 점을 기억할 필요가 있다. 이 점에서 센트럴파크이스트 중등학교가 보여주는 교사들 간의 '동료성'(collegiality)은 주목할 만하다. 이 학교의 구조는 교사들이 서로의 수업을 참관하고 자신과 동료의 실천을 성찰할 수 있고 교사들이 서로에게 피드백과 지원을 제공할 수 있게 조직되어 있다(Meier, 1995: 121-122). 그러면서 교사들은 자신의 실천에 대한 지지와 비평이 상호 배타적이지 않다는 점을 이해하면서 공동의 작업에 책임을 진다. 분명 이러한 동료 의식은 우리 교사들이 하향식 명령에서 벗어나 스스로를 움직이게 하는 힘이자 학교 혁신의 동력으로 작용할 수 있을 것이다.

끝으로 "우리가 행했던 실천들이 더 광범위하게 적용될 수 있으려면 우리는 센트럴파크이스트의 이야기를 모델이 아니라 하나의 사례로 삼아야 한다. …… 우리는 여기서 단 하나의 옳고, 완벽하게 다듬어지고, 전문적으로 고안된 해결책이 있을 수 없다는 점을 주장해야 한다(Meier, 1995: 92)."라는 마이어의 말을 기억했으면 좋겠다. 미션힐스쿨이 센트럴파크이스트 학교들에 빚진 것이 사실이라 해도 "무언가 색다른 곳이자 그곳 자체의 해결책을 향해 여전히 진행 중에 있는 작품"(Meier, 1995: 20-21)이라는 그녀의 고백처럼 말이다. 센트럴파크이스트 중등학교의 성공을 가능하게 한 가장 근본적인 조건 중 하나는 바로 작은 규모의 학교라는 점에 있었다(Raywid, 1999: 142). 이에 학교가 처한 조건이 다른 상황에서 이를 하나의 전형적 모델로 보면서 무리하게 적용하고 받아들이는 오류를 범하지는 않았으면 한다. 주류 교육에 비해 상대적으로 진보주의적 혁신 사례가 부족한 상황에서(특히 중등학교의 경우) 이 학교 사례를 교사 각자가 처한 학교 현장에 맞게 그곳을 혁신하는 또 하나의 참고 사례로 활용하거나, 각자가 처한 학교 현장의 문제를 진단하고 대안을 모색하는 데 필요한 아이디어로 활용할 수 있었으면 하는 바람이다.

3. 한국의 혁신학교 사례가 주는 시사점

한국의 혁신학교는 입시 위주의 교육과 주입식 교육에서 탈피하여 학생 중심의 창의, 인성 교육을 실현하기 위한 모델 학교이다. 한국의 교육은 그동안 입시 위주의 교육, 주입식 교육으로 높은 시험 성적만을 요구해왔다. 그렇다 보니 학교에서도의 교육도 학생들의 흥미와 적성보다는 대학 입시에 유리한 시험 성적을 잘 받기 위한 일방적인 교육이 중심이 되었다. 학교의 운영도 학교 구성원들의 의견이 제시되고 반영되기보다는 관리자들에 의해 결정되고 관료적으로 운영이 되어왔다. 한국의 학교가 관료적이고 경직되어 있는 것이 입시 위주의 주입식 교육 때문만은 아니지만 이러한 학교운영은 오히려 시험 성적만을 중시하는 분위기에서는 효율적이었을 수도 있다. 하지만 사회가 변화하고 대학 입시도 다양해지면서 성적만 높은 사람보다는 실제 문제해결 능력과 창의력 있는 인재가 요구되기 시작하였다. 학교도 이러한 사회 변화에 따라 학교도 변화하기 시작한 것이다. 혁신학교는 이러한 변화를 선도할 모델 학교로 진보 교육감이 당선된 지역을 중심으로 운영 중인 학교다.

한국의 학교들은 대부분 관리자 중심의 관료 체계로 운영이 되고 있다. 그렇다 보니 구성원들의 의견이나 요구가 제대로 반영이 되지 않고 관리자의 지시와 결정에 의해 운영이 되어 왔다. 단적으로 학교의 전체 교직원 회의의 모습을 보면 업무 지시 사항의 공지와 교장의 훈화 말씀으로 진행되고 끝나는 것이 보통이다. 구성원들 간의 소통이나 협의보다 지시에 의해 학교는 운영되고 있다. 또한 현재의 학교는 행정 업무 중심으로 교사들의 업무 분장이 이루어지고 자리 배치 또한 행정 업무별로 이루어진다. 이같은 학교운영은 행정 업무를 하기에는 효율적일 수 있으나 동학년 교사들끼리 정보를 공유하고 소통하는 것이 필요한 수업이나 학생 지도에는 비효율적인 구조이다. 이러한 학교의 구조는 구성원들을 수동적 존재로 만들고 경직된 학교문화를 만들고 있다.

혁신학교는 구성원 간의 소통과 협력을 통해 학교를 새롭게 바꿔나갔다. 일방적인 지시와 강요가 아닌 소통을 통한 협의와 민주적 결정과정을 통해 학교 구성원들이 자발적으로 실천하는 구조와 문화를 만들었다. 혁신학교에서는 학교운영, 수업, 생활지도를 소통을 통해 해결하고 개혁해왔다. 학교운영을 행정 업무 중심의 부서 체계에서 학년 내 소통을 강조하는 학년부 체계로 개편하여 동학년 교사들이 수업과 학생에 대한 정보를 일상적으로 공유할 수 있는 구조를 만들었다. 이런 구조를 통해 교사들은 해당 학년에서 진행되는 수업이나 학생과 관련한 이야기를 일상적으로 나눌 수 있게 되었고 이는 결국 학생에 대한 이해와 수업을 보다 풍부하게 운영할 수 있는 기반을 제공했다. 또한 기존의 관리자 중심의 상명하달식 관료적 운영 체계를 민주적 운영 체계로 바꾸어 구성원들이 자유롭게 의견을 제시하고 그 의견들이 민주적 과정을 거쳐 결정되어 실행되는 구조를 만들었다. 이러한 학교 운영 구조는 교사들의 자발성을 끌어 올렸으며 스스로 새로운 수업을 연구 개발하고, 학생들과 일상적으로 소통하는 학교를 만들었다.

또한 혁신학교는 수업 공개와 수업연구회를 통해 서로의 수업을 이해하고 발전시켜왔다. 수업 공개와 수업연구회는 교사의 교수법에 초점을 두기보다는 학생들의 배움을 중심으로 수업을 관찰하고 공유하고 피드백하는 형태로 운영하였다. 이러한 수업 공개와 수업연구회는 교사 혼자 파악하기 어려운 학생들에 대한 정보를 참관한 교사들이 함께 찾아주는 역할을 하고 있다. 또한 혼자 해결하기 어려운 문제들을 학습공동체를 통해 동료 교사들과 함께 해결하고 문제해결 과정에서 교사들의 전문성과 공동체성을 향상시키는 역할을 한다. 소통과 협력을 통해 수업을 발전시켜가고 있는 것이다.

혁신학교는 학생의 생활지도 또한 교사, 학생, 학부모의 3주체 협약이라는 소통을 통한 규칙 제정을 통해 구성권들의 주인 의식을 높이고 적극적인 규칙 준수를 이끌어냈다. 이전까지의 학교의 규칙들은 시대 변화를 반영하고 있지 못할 뿐만 아니라 일방적인 통제와 인권침해의 요소들을 다수 포함하고 있다. 이러한 학교 규칙을 학생들 스스로 정하고 이를 교사, 학부모와 함께 서로의 의견을 반영하여 최종적으로 결정함으로써 학생들의 주인 의식을 높여주었다. 또한 교사, 학생, 학부모가 각자의 입장을 넘어 서로의 입장을 이해할 수 있는 계기가 되어 서로를 이해하고 서로에 대한 배려의 자세를 가질 수 있도록 하고 있다.

이러한 혁신학교가 던져주는 시사점을 다음과 같이 정리할 수 있다.

첫째, 상명하달식 개혁보다는 학교 현장 중심의 개혁이 필요하다. 앞서 언급하였지만 지금까지의 교육개혁 정책들은 큰 실효성을 거두지 못하였다. 그 이유 중 하나가 바로 중앙정부 중심의 상명하달식 교육개혁이었기 때문이다. 새로운 교육개혁의 정책이 의미 있는 내용으로 만들어졌지만 학교 현장에서는 제대로 그 의도와 내용을 파악하지 못하고 단순히 형식적인 지시로 시행이 되면서 정책의 의도와 의미가 퇴색된 경우가 많았다. 그 정책이 왜 시행이 되는 것이고 어떤 의미가 있는지 충분히 공유되지 않은 상태에서 새로운 일로서 지시 사항으로 현장에서는 시행되어왔던 것이다. 반면에 혁신학교 정책은 교육청에서 구체적인 지시로 어떠한 형태의 학교를 만들라고 제시한 것이 아니라 학교 구성원들이 혁신 과제를 선정하여 이를 해결해가기 위한 계획서를 제출하고 선정된 학교에 대해 교육청은 지원만 해주는 형태다. 즉, 학교는 자신의 요구와 필요성에 따른 개혁안을 실천해가고, 교육청은 이를 잘 시행할 수 있도록 지원해주는 역할만 한다. 이러한 혁신학교 정책은 중앙정부의 교육개혁과는 상반된 형태라고 할 수 있다. 이러한 현장 중심의 개혁이 혁신학교 정책이 성공할 수 있었던 이유 중 하나이기도 하다. 그런 점에서 중앙정부 중심의 상명하달식 정책에서 벗어나 학교 현장에서 실질적으로 요구되고 필요로 하는 개혁이 이루어질 수 있도록 학교 현장 중심의 상향식 정책이 필요하다.

둘째, 소통 구조 개선이 중요하다. 한국의 학교는 공공기관으로서 관료적 체계로 운영되고 있다. 이러한 위계적이고 관료적인 체계는 일사분란하게 사업이 시행될 수 있다는 장점이 있지만 융통성이 부족한 단점이 있다. 또한 이러한 관료 체계는 구성원들의 자발성을 떨어뜨리고 현장의 상황에 맞는 융통성 있는 업무 추진을 어렵게 한다. 교육이라는 활동은 학생들에게 기계적으로 지식을 주입하는 활동이 아니다. 설령 지식을 주입한다고 하더라도 감성적 동물인 인간이 지식을 받아들이는 데에는 다양한 변수와 조건이 존재한다. 이러한 교육을 일괄적으로 진행하는 것은 그 효과성에 있어서도 문제가 있다. 그렇기 때문에 보다 유연한 대응이 필요하다. 이 유연성을 가지기 위해선 결국 구성원들 간의 소통이 매우 중요하다. 각각의 구성원들이 업무 현장에서 느끼는 어려움이나 필요한 부분이 일상적으로 반영되고 시행될 수 있으려면 활발한 소통이 이루어져야 한다. 혁신학교 사례에서 보여지듯 소통 체계만 잘 잡혀도 학교의 다양한 문제들을 보다 효과적이고 창의적으로 해결할 수 있다. 또 학교처럼 다양하고 복잡한 요인들이 많은 기관일수록 일률적이고 통일적인 조치보다는 현장 중심의 다양하고 융통성 있는 조치가 필요하다. 이를 위해선 원활한 소통 구조가 필요하며 이를 통한 학교운영이 필요하다.

4. 혁신 교육의 패러다임: '사회성'

각국의 혁신학교 사례들에서 보이듯이 급증하고 있는 경제적, 사회적, 자연 생태계적 위기에 따라 사회문화적 패러다임의 변화와 함께 교육 패러다임도 바뀌어야 할 필요성이 제기되고 있다. 교육이 인간의 소통 관계를 기본 원리로 실행된다고 본다면 미디어와 인간, 그리고 사회와의 관계를 통합적으로 바라볼 수 있는 사고 체계가 무엇보다 필요하기 때문이다. 이러한 새로운 교육적 패러다임은 무엇보다 인간이 타인과 사회에 대한 의무와 책임을 먼저 자각하는 사회성 발달에 맞춰져야 한다(김현철, 2013). 이것은 근본적으로 현재 위기가 다른 외부적 요인보다 소위 인간의 탐욕이라는 인간 본성에서 기인하고 있기 때문이며, 이 인간의 위기에 대한 인문적 반성 없이는 새로운 문제해결의 출구를 찾기 어렵기 때문이다(배영순, 2009). 이성적 존재로서의 인간이 합리적 행위의 주체가 된 것이 아니라 행위를 예측하기 힘들 정도로 불합리하고 비이성적 행위를 일삼게 된 것이다. 이성과 문명이란 이름으로 인간을 자연으로부터 분리시켰고, 교육이란 이름으로 오히려 인간을 사회와 분리시켜 온 것이 현재와 같은 총체적 위기를 초래한 것이다.

새로운 교육적 패러다임은 지식과 정보를 통해 인간의 의식을 개조한다는 기존의 교육적 방식과 달리 인간의 소통 관계를 통한 의식의 개발을 목적으로 한다. 현재 인문과 인간의 위기라 말할 정도의 총체적 위기의 원인은 사회적 불통뿐 아니라 개인 간의 단절과 파편화에 있다고 볼 수 있으며, 이러한 관계의 불통을 제대로 된 소통으로 변화시키는 것이 인간 의식 발달의 첫 출발점이라고 할 수 있는 것이다.

이런 점에서 최근 SNS 등에서 활발히 사용되고 있는 소셜(social)이란 개념을 자세히 볼 필요가 있다. 아직까지는 이러한 소셜이 어떤 사회나 사회성이라는 내용을 갖추고 있는 것도 아니고, 또 사회성 자각에 대한 문제제기를 치열하게 하고 있는 것도 아니다. 하지만 지난 2011년 아랍의 봄을 불러왔던 '쟈스민 혁명'에서부터 반월가 시위대(Occupy Wall Street)에 이르기까지 새로운 형태의 기술을 기반으로 한 새로운 사회운동의 흐름이 나타났다. 아직 이러한 흐름이 정확히 무엇이라고 단정 짓기는 어렵지만, 소셜이 화두로 등장하고 있다는 사실은 앞으로 새로운 문명사의 중심적 개념으로, 핵심적 가치로 '사회'가 자리 잡을 것이라는 점을 시사하고 있다. 사회성이란 다른 말로 사회적 소통력으로서 미래적 생존에서 생사를 가르는 문제이기 때문이다. 그러나 지금까지 근대 인문학이나 사회과학에서 사회적 인식이나 사회적 가치, 그리고 사회적 정의는 말할지언정 정작 사회가 무엇인지에 대한 논의는 없었다. 인간들이 어우러지고 다중이 집합되어 있는 어떤 것, 공동체든 어떤 집단, 조직이든 그걸 사회라고 불러왔다. 그러나 그냥 사람들이 모여 살면 사회가 이뤄지는 걸까? 그냥 많이 모여서 섞여 있는 그런 군집성이 사회성일까?

우리는 지금까지 사회의 본질적 개념에 대해 깊이 있게 고민하지 않았다고 볼 수 있다. 인간들이 모여 살면서 그 현상적인 인간 집단을 사회라고 불러 왔고, 표출되는 현상학적 이해관계, 그리고 그런 이해관계의 조절 장치로서 사회정의를 말해왔을 뿐이다. 그러나 "사회적 자아, 사회성이 있는 자아가 모였을 때 사회라는 범주가 성립하는 것이지, 소아적 자유주의자, 탐욕적 자아가 모여서 정의로운 사회가 나온다는 것은 개념의 오류라고 할 수 있다. 탐욕적 자아가 모이면 그냥 동물의 군집과 같은 군집일 뿐이지 사회가 될 수 없다. 사회성이 없는 자아, 네트워크를 이룰 수 없는 자아가 사회가 될 수는 없는 이치이다. 사회성이 있는 존재, 사회적 자아가 먼저 만들어져야 한다. 그리고 그 사회성이란, 바로 존재와 존재 간의 관계적 합리성으로서의 소통을 의미하는 것으로 이것이 현재 우리 사회가 당면한 총체적 위기의 본질이며, 앞으로 새로운 문명사적 가치라고 할 수 있을 것이다. 따라서 이러한 소통에 대한 새로운 개념 정립과 이를 토대로 한 사회와 사회성에 대한 재해석이야말로 현 위기에 대한 인문학적 성찰의 성과이며, 새로운 전망 수립의 근거이다."(김현철, 2014, pp.54~55)

사회성이란 개인이 집단과 조직을 이루면서 사회가 되고, 그 필요에 따라 생겨나는 것이 아니다. 또한 개인들 간의 대립과 갈등을 조절하기 위한 가설적, 당위적 개념으로 생겨날 수 있는 것도 아니다. 예를 들어 사회정의론이라든가 도덕론, 사회적 규범을 교육하고 강제한다고 없던 사회성이 생겨나는 것은 아닌 것이다. 이기적 자아가 사회적 자아로 발달하는 것이 아닌 것이다. 왜냐하면 무명의 에고(ego)를 그대로 둔 채 학습하고 교육하고 강제

한다는 것은 마치 폐가에 단청을 칠하는 것과 같기 때문이다. 개인(성)을 마치 실제로 있는 하나의 실체로 생각하는 무명의 불각을 깨뜨리지 않는 한 사회성, 사회적 자아는 성립할 수가 없는 것이다. 지금까지 '사회(성)'라는 개념은 하나의 가설적 개념으로 아상(我相)의 그림자, 환영(幻影)일 뿐이며 우리는 지금까지 사회성이 없이 살았다는 말이다.

사회란 군집과 같은 존재의 문제나 형태적 문제가 아닌 인식의 문제라고 할 수 있다. 존재에 대한 명확한 각성을 통해 각 존재의 사회성이 갖춰질 때 비로소 사회가 생긴다고 할 수 있다. 한마디로 사회성을 체득한 존재만이 미디어로서 합리적 소통을 할 수 있으며, 이를 통해 사회란 것이 제대로 구현된다는 것이다. 현재와 같은 사회적 소통의 위기 속에서 인간과 미디어, 그리고 사회의 본질을 꿰뚫는 새로운 사회적·사상적 정초를 찾지 못한다면 사회 공동체 차원에서 생존권적 위기를 맞게 될 우려가 크다고 보인다. 경쟁과 불신, 우울과 불안, 자폐와 공황장애, 그리고 자살이 일상화한 사회에서 지속가능한 성장이나 안전을 담보하거나 지향하기 어렵고, 그러한 점 때문에 이들은 한낱 듣기 좋은 구호에 머무를 수 있는 개연성이 크다. 따라서 사회적 위기의 요인들을 통해 소통의 개념을 새롭게 재정립하는 것이 사회와 사회성 확보를 위해 무엇보다 시급히 요청되고 있는 것이다(김현철, 2014, pp.61~62).

5. 미래적 혁신 교육의 철학을 위하여

전통적인 의미에서의 교육은 한 개인이 한 사회의 구성원으로 인정받기 위해서 반드시 알아야 하는 본질적인 지식을 상정하고 그것을 각 개인의 마음에 채워 넣는 방식으로 이루어져 왔다 (Darling & Nordenbo 2002: 298). 이러한 서양식 교육철학은 아동을 하나의 비어있는 항아리에 비유하며 교정의 대상으로 보고 아동의 현재적 삶보다 성인으로서의 미래적 삶을 더 중요시함으로써 아동의 자기결정권보다 성인의 의무를 더 우선시하는 경향이 중심을 이루게 되었다.

이러한 맥락에서 좋은 개인이란 권위를 수동적으로 받아들이는 존재로 순종적이고 획일화된 국민이자 유형화된 노동자로 길러졌고, 이것은 고분고분하며 경쟁적이고 수동적인 존재를 의미하게 되었다(Chamberlin, 1994: 163). 바로 교육이 인간개발이라는 본연의 전망과 목적을 가진 것이 아니라 해당 시기마다 그 사회가 요구하는 인간만을 생산하는 데 주목적이 있었던 것이다.

특히 교육 소비자로서 교육 공급자를 선택할 권리가 없는 현행 국가의 교육 독점 구조 아래에서 교육의 입시 제도화와 시장화는 불가피했는데, 계층 상승의 수단으로 입시 도구화 되어 있는 현행 교육은 인간개발이라는 교육의 원래적 목적에는 관심이 없으며, 인간의 상품화와 도구화가 목적인 비교육적 역사의 산물이라 할 수 있다. 이에 따라 사회 전반이 돈과 권력을 중심으로 한 성장주의 중독증에 빠져 있는 상태로, 인간관계의 단절과 파편화, 분열 증상이 극심하게 나타나고 있다. 더구나 외부를 올바로 감수하고 이를 바탕으로 인지 과정을 해 나가는 개인의 오관조차 상호 단절과 파편화되어, 소위 자신의 안이비설신(眼耳鼻舌身)이라는 오감도 서로 소통이 안되는 상태에 이른 것이다. 이 오관 회로의 단절과 파편화가 의식의 왜곡과 파편화를 가져오며, 불통의 직접적인 원인이 되는 것이라 할 수 있다.

따라서 현 시기 교육 최대의 과제는 이러한 의식의 왜곡을 초래한 오감의 기능, 회로의 완전성을 회복시키는 데 있으며, 이를 통해 소통과 협력의 학교문화를 중심으로 학교 혁신의 새로운 바람을 일으키는 데 있다. 이것은 기술의 발달로 빠르게 변화하는 삶의 장(場)에서 지식과 정보와 기술을 외부에서 내부로 채워 넣는 교육이 아니라 새로운 상황에서도 독자적·창의적으로 대처할 수 있는 길을 주체적으로 찾아내고 상응할 수 있는 교육, 문화에 기반을 둔 다재다능한 인간성 개발 교육이 필요하다는 것을 의미한다.

앞으로 혁신학교는 지속가능한 교육철학을 구체적인 실천과 성과로 어떻게 확산시킬 수 있는가가 가장 중요할 것이다. 지금까지는 혁신학교의 모델을 만드는 데 주력했다면 앞으로는 그러한 혁신학교 모델을 통해 다른 일반 학교들의 롤모델로, 새로운 상상력과 변화를 자극하는 자신의 고유한 역할이 특히 강조될 것이기 때문이다. 이것이 각국의 혁신 학교 사례들이 우리에게 말하고 있는 미래적 전망이다. 또 한 번의 '혁신학교의 혁신'을 기대한다.

참 / 고 / 문 / 헌

김현철(2013). 존재는 미디어다: 새로운 시대, 새로운 미디어관계론. 『학습과학연구』 7(1). pp. 132-151.

김현철, 류웅재(2014). 글로벌 경제위기의 인문학적 해석: 새로운 인식과 실천을 위한 이론적 지도 그리기. 『커뮤니케이션이론』 9(1). pp.39~77.

박종철(2013). 혁신학교 교사의 민주적 의사소통 경험에 관한 연구. 서울대학교, 석사학위논문.

배영순(2009). 2008년 공황의 인문학적 해석: 세계시장의 해체와 경영 패러다임의 전환. 『민족문화논총』 42. pp. 331~362.

유영만(2003). 지식생태학적 관점에서 바라본 기업교육. 나일주·임철일·이인숙(편저). 『기업교육론』(pp.39-59). 서울: 학지사.

정훈(2014). "센트럴파크이스트 중등학교 사례가 우리 학교 혁신에 주는 시사점." 한국교육사상연구회, 교육사상연구, 제28권 제2호, 93-117.

苅谷剛彦(가리야 다케히코)(2002). 教育改革の幻想. 김미란 역(2004). 교육개혁의 환상. 서울: 북코리아.

Chamberlin, J. G. (1994). *Church vs. education: a battle lost*. Greensboro, North Carolina: The Education press.

Darling, J. & Nordenbo, S. E. (2003). Progressivism. In Nigel Blake et al.(eds.). *The Blackwell guide to philosophy of education*. London: Blackwell, 288-308.

Davis, B.(2004). "Deborah Meier and Central Park East Secondary School, East Harlem", New York. *Teaching tough kids: What we can learn from five provocative educators*. Toronto: Our Schools/Our Selves, 89-120.

Dewey, J.(1916). *Democracy and Education*. New York: Macmillan. 이홍우 옮김(1990). 민주주의와 교육. 서울: 교육과학사.

Meier, D.(1995). *The power of their ideas: Lessons for America from a small school in Harlem*. Boston: Beacon Press. 정훈 옮김(2014). 아이들이 가진 생각의 힘. 서울: 맘에드림.

Por, G. (1997). Designing knowledge ecosystems for community of practices. Conference on Advancing Organizational Capability Via Knowledge management. Los Angeles, September 29-30, 1997.

Raywid, M. A.(1999). "Central Park East Secondary School: The Anatomy of Sucess". *Journal of Education for Students Placed at Risk* Vol.4. No 2, 131-151.

Semel, S. F. & Sadovnik, A. R.(2008). "The Comtemporary Small-School Movement: Lessons from the History of Progressive Education". *Teachers College Record* Vol.110. No 9, 1744-1771.

http://insideschools.org/high/browse/school/187

부록

독일의 교육제도와 중등 단계 학생 선발 제도[1]

독일은 4년간의 초등교육이 끝난 후 상이한 유형의 학교로 진학하는 복선형 교육제도를 채택하고 있다. 학교의 종류와 아울러 진학의 경로 또한 복잡한데, 이는 독일의 교육제도가 독특한 역사, 문화적 배경을 가지고 있기 때문이다.

현대의 교육제도는 학제에 따라 구분할 경우 학령전교육(유치원), 초등교육, 중등교육, 고등교육으로 나눌 수 있는데, 독일 학제를 볼 때 그 특징으로서 중등 교육 부분에서 세 방향으로 분화된다는 점을 볼 수 있다.

중등교육은 크게 두 단계로 분류 되는데, 1단계는 하우푸트슐레(Hauptschule), 레알슐레(Realschule), 김나지움(Gymnasium), 게잠트슐레(Gesamtchule) 등을 포함하며, 2단계는 김나지움의 상급반, 하우프트슐레와 레알슐레의 과정을 마친 학생들이 받는 직업교육 등이 해당된다. 이렇듯 중등교육 단계에서 학생들의 진

로가 세 방향으로 분리되는 것을 볼 수 있지만, 그들이 원하기만 한다면 대학에 진학할 기회는 얼마든지 주어져 있다.

하우프트슐레(주요학교)에는 초등학교 졸업자 중 50퍼센트 정도가 진학하게 되고, 좋은 성적을 나타낸 학생은 다른 형태의 학교에 7학년으로 진학할 수가 있다. 또한 7학년에 재학하는 전체 학생의 1/3가량이 주요학교에 재학하고 있다.

레알슐레(실과학교)는 20퍼센트 정도가 진학하고 주로 추천에 의해서 입학이 된다. 여기도 6학년 말에 김나지움 7학년 또는 하우프트슐레(주요학교) 7학년으로의 전학이 가능하다. 실과학교 10학년을 졸업하면 전문고등학교 입학자격증이 주어지고, 전문고등학교 입학자격과 '자질인정서'를 받으면 김나지움 상급반 11학년에 진학할 수 있게 된다.

김나지움으로의 진학은 초등학교의 학력과 4학년 말에 실시되는 각종 시험의 결과에 따라 담임교사가 가능하다고 인정하면 입학 시험 절차 없이 할 수 있다. 김나지움도 다른 학교와 마찬가지로 다른 형태의 학교로 전학을 할 수 있는데, 각각 6학년 말, 10학년 말에 가능하다. 또, 10학년 말에는 전문고등학교 입학자격증을 받을 수 있다. 게잠트슐레도 누구나 입학할 수 있으며, 10학년을 이수하면 직업계 또는 전문고등학교 입학 자격을 얻어 진학하거나 게잠트슐레 11학년에 진학할 수 있게 된다.

중등학교 2단계인 김나지움 상급반은 일반 대학 입학 자격 취득을 위한 과정으로 여겨지는데, 3년 과정일 때 아비투어(Abitur) 시험에 응시하게 된다. 즉 13학년 말에 시험에 응시할 수 있고, 4

년 안에 아비투어 시험 허가를 얻어야 대학 진학이 가능하다.

〈표 1〉 2004-2005년 중등 영역의 학교 수

학교 종류	학교 수
예비 교육 단계와 관련 없는 유형	1,118
하우프트슐레	5,195
하우프트슐레와 레알슐레 과정을 모두 제공하는 학교	2,224
레알슐레	3,003
김나지움	3,120
게잠트슐레	729
자유 발도르프 학교	180
총계	15,569

〈표 2〉 2004-2005년 중등 영역의 학생 수

중등교육 I 수준	인원
예비 교육 단계와 관련 없는 유형	110,801
하우프트슐레	1,084,300
하우프트슐레와 레알슐레 과정을 모두 제공하는 학교	379,458
레알슐레	1,351,452
김나지움	1,702,399
게잠트슐레	450,960
자유 발도르프 학교	37,423
중등교육 II 수준	인원
김나지움	701,644
게잠트슐레	71,834
자유 발도르프학교	13,430
총계	786,908

〈출처〉『세계 각국의 교육과정III, 독일』, 2008, 교육인적자원부, 경상남도교육청, pp. 71~72

부록 2   독일의 교육제도와 중등 단계 학생 선발 제도 [2]

1. 기존 독일의 3중 학제는, 구시대의 계급 계층 구조를 답습하는 경향이 있다. 모든 국민은 일단 초등교육 그룬트슐레 기간 4년(현재 구동독 지역은 6년제)을 마친다. 봉건시대 귀족, 부르주아 시대의 자본가 및 인텔리층의 자녀들은 일찌감치 김나지움을 거쳐 대학교육까지 마치고 다시 그 계층으로 재생산된다. 그 아래 기능 직종(회계, 은행, 사무직, 비서직 등)으로 갈 계층 혹은 성적 우수자의 경우 김나지움 마지막 단계로 올라가서 대학 진학을 준비하는 과정이 레알슐레이다. 그리고 그 아래 하우프트슐레는 기능 노동자나 농민 등의 직업을 수행토록 일찌감치 갈려진다. 최근 수십 년 사이에 증가한 이주민들의 자녀들은 레알슐레나 하우프트슐레로 배정받는 것을 당연시하는 경향도 없지 않아 있다.

2. 세 부류의 학교 중 어디를 가느냐는 우선 그룬트슐레 3~4학년 동안의 학업성취도에서 중요한 영향을 받는다. 특히, 수업 분야

---

2. 정리 : 정진헌(독일 막스플랑크연구소)

중에서는 독일어 말하기, 쓰기, 읽기 등이 가장 중요하게 여겨진다. 1~2학년 동안에는 아이들이 학교에 재미를 붙이는 데 중점을 둔다면, 3~4학년 동안에는 성적 자체가 이후 추천 학교와 직접적으로 연관되므로, 이 시기 학생과 학부모들이 제법 압박감을 받는 경향이 있다. 뮌헨 지역은 교사의 추천이 거의 절대적이며 번복이 어려우나, 다른 대부분의 지역에서는 학부모와 학생이 최종적인 결정을 내려서, 교사가 레알슐레를 추천했더라도, 김나지움에 지원할 수 있다.

3. 그러나, 기본 3중 학제는 오래된 계급 계층화를 재생산하는 교육 시스템이라 여겨진다. 이러한 전통에 변화를 도모하기 위해, 약 40여 년 전, 즉 1970년대에 교육 개혁자들이 스웨덴의 모델을 배워 정착시키기 시작한 학교 유형이 통합학교이다. 사회주의 성향이 강한 스웨덴이 서열화된 학제를 지양했듯이, 아이들의 미래가 일찌감치 서열화되는 것을 지양하고, 오히려 서로 다른 성향의 아이들이 각자의 재능을 발견하여 서로에게 도움을 주며 조화를 이루는 방법을 익히는 데 주요한 의의를 두는 학교 시스템이다. 이 통합학교에는, 그룬트슐레(초등학교) 3~4학년 학업성취도를 중심으로, 학교 담임교사에 의해 김나지움을 추천받은 학생들이 2/3 정도를 차지하고, 레알슐레나 하우프트슐레를 추천받은 학생들이 1/3 정도 선발되어 입학하게 된다.

4. 통합학교는 지역마다 성격이 다르겠지만, 점점 더 젊은 학부모들, 특히 좀 더 개방적이며 자유롭고 진보적인 학부모들 사이에 선호도가 높아지는 추세이다. 경우에 따라서는 지역의 중장

기 교육개혁 차원에서 다른 학교들도 통합학교로 만들려는 의도도 엿보이고 있다. 하지만 각 지역의 기존 학교 서열화 인식이 잔존하고 있다. 지역의 인식들을 자세히 살펴보면, 예전에는 김나지움들 안에서도 서열화가 존재했던 것으로 보인다. 즉, 법학, 신학, 철학, 수학 등의 전통 인문학과 기초과학 영역을 중심으로 하던 김나지움이 오랫동안 가장 최상의 학교로 여겨졌었다. 그러나 응용과학 분야가 인기를 끌며, 과학에 더 중심을 두는 김나지움들이 인기를 끌거나, 외국어 능력 배양에 힘쓰는 김나지움도 어깨를 나란히 하게 되었다.

5. 통합학교 유형은, 전통적 학제 시스템을 중시하는 사람들 사이에서는 여전히 뭔가 그래도 엘리트 코스가 아닌 것으로 여겨지기도 한다. 그러나, 괴팅겐 시의 경우를 중심으로 본다면, 매년 통합학교 지원 학생 수가 실제 뽑히는 학생 수의 3배 정도를 웃돌고 있어, 선호도가 증가하고 있음을 알 수 있다. 또한, 지역 자치 정부 차원에서의 지원 규모도, 일반 김나지움보다 통합학교에 대한 지원이 더 많이 이루어지는 추세이며, 이는 다른 김나지움 교사들의 해석으로는, 결국 김나지움을 통합학교로 전환하도록 유도하는 정책이나 의지로 보인다. 그렇다면, 이러한 배경과 더불어 통합학교의 장점이 무엇이길래 학부모나 학생의 선호도, 그리고 지방정부의 장려도가 증가하는 걸까?

6. 우선, 학생들이 갖는 학업에 대한 압박감이 현저히 낮은 것으로 보인다. 일반 김나지움들이 5학년부터 학업을 중시하여, 시험 및 학습 성취도에 대한 점수식 평가를 하고(우수 성적자는

게시판에 이름을 올리기도 함), 숙제도 많은 편인데 반해, 통합학교는, 성적이 아닌 학생별 평가서를 교사들이 서술형으로 작성해서 배포한다. 숙제도 많지 않은 편이다. 물론, 거의 모든 독일의 학교들은 금요일에는 숙제를 내주지 않는다. 주말을 가족과 함께 보내야 하기 때문이다. 통합학교는 학생들에게 10학년까지 각자의 재능이 무엇인지 발견하고 자기 진로를 결정할 시간을 준다. 10학년 말에 가서 대학 입학 준비를 할지, 아니면, '직장 학교'(베루프스슐레)로 갈지를 정하게 된다. 괴팅겐 소재 통합학교의 경우, 처음 입학 때와 달리 80퍼센트 이상의 학생들이 대학 입학 시험에 임하게 되는 것으로 나타났으며, 본인들이 선택한 이상, 11~12학년 동안 입시 준비를 열심히 한다고 한다. 대학 입시 전국 수석도 배출하고, 평균 성적이 전국에서 가장 높다고 한다.

7. 교과목의 다양성, 그리고 취미 생활의 다양성도 통합학교에서는 중요하다. 교과목은 독일어, 수학, 과학, 영어, 스포츠 등의 기본적인 것 이외에도 각종 만들기 실습, 실험, 원예 등 다양하며, 모든 아이들이 취미 클럽 활동에 참여할 수 있다. 연극, 영화, 밴드, 마술, 댄스 등등의 숱한 클럽 활동이 허용된다. 괴팅겐의 통합학교는 각 학년에 한 반이 오케스트라 반으로 구성되어, 각자가 원하는 악기를 선택하여, 주 1회 전체 연습을 하고 주말에는 각자 그 악기들을 집으로 가져가서 개인 연습을 하도록 한다.

8. 통합학교이기 때문에, 세 부류로 추천된 학생들이 함께 한

반을 구성함은 물론이요, 정신 및 신체 장애 학생들도 배정된다. 장애 학생들을 위한 등하교용 차량이 따로 있으나, 이 학생들도 일반 학급에 편성되고, 반마다 6인씩 1조로 구성된 그룹[Tischgruppe, 책상그룹: 6개 책상을 한데 모아서 학생들이 앉는다. 반은 안 바뀌나 책상그룹은 1년마다 바뀐다.]에도 참여한다.

9. 괴팅겐 통합학교에서 가장 중요하게 내세우는 시스템 중 하나가 책상그룹이다. 독일은 학교에서 반이 정해지면 끝까지 그 반이 유지되는 시스템을 가지고 있다. 담임교사도 5년간 같은 반을 담당한다. 한 반 약 30명 학생을 주 담임과 보조 담임이 담당한다. 이 학생들은 매 학년 초기에, 새로운 책상그룹을 짜서 함께 앉는다. 그들에게는 그룹별로 할당되는 프로젝트가 있다. 그걸 서로가 의논해서 이루어간다. 자연스레 그 안에서 주도하는 학생이 나오고, 각자의 장기들을 발휘하여 프로젝트를 성사하는 것을 지향한다. 이 책상그룹 학생 6명은, 통합학교 입학 첫 해인 5학년의 경우, 입학 정원 비율을 고려하여, 3명의 김나지움 추천자, 2명의 레알슐레 추천자, 1명의 하우프트슐레 추천자로 구성되는 것을 원칙으로 한다. 서로가 원래 어느 학교를 추천받았었는지에 대해서는 자기들끼리 얘기하면서 알아서 밝히는 듯하다.

10. 괴팅겐 통합학교의 경우 이 책상그룹은 모든 교직원들에게도 똑같이 적용된다. 교사들도 6명으로 하나의 책상그룹을 구성한다. 교무실에 가서 보면 실제로 교사들의 책상이 그룹별로 모아져 있고, 파티션이 되어 있지 않다. 일반 교직원들은 자기

업무별로 따로 나뉘어져 있으나, 이들도 4~6인으로 구성된 어느 그룹엔가 반드시 속해 있다. 그리고, 그 그룹을 중심으로 일에 대해 의논하고, 문제가 있으면 그 단위를 중심으로 해결한다.

11. 학교의 정책이나 방향도 책상그룹을 가장 작은 단위로 해서 결정된다. 책상그룹에서 논의가 되면, 그것을 모아내는 방식으로 민주주의 원리를 실현하는 것이다. 교장이 지시한다고 아래로 내려가는 게 아니라, 교장의 의견도 단위를 거쳐서 최종 의결이 이루어지게 되어 있다. 교장이라 해도 그가 제일 높은 자리에 있는 것이 아니다. 교장은 본인을 포함해서 3인으로 구성된 교장단의 대표로서, 일단 자기 의견을 교장단에 내고, 그 교장단이 합의하면, 그 다음 교직원 대표들과의 논의체에 제출하고, 거기서 다시 각 책상그룹에 전달되어 의논하게 되고, 각 책상그룹에서 나온 찬반의 의견이나 다른 제안들이 위로 다시 모아져 최종 결정을 보게 된다. 그러다 보면 결정이 늦어지는 경우도 있으나, 어떤 사안에 대해서는 매우 빠르게 진행되기도 한다. 예를 들어, 교장이 학생들의 멀티미디어 교육을 위해 7학년부터 모든 학생들이 태블릿 pc를 학교에서 활용하도록 의견을 낸 경우, 학부모들 회의까지 거쳐서 최종 결정이 나는 데 1년 6개월여의 시간이 소요되었다. 교장이 제안한 것을, 검토하기 위해 교사진에서 일단 1년여 가까이 시험 기간을 갖고, 긍정적이라 판단되어 합의하고, 이에 학급별 학부모 (대부분의 구입 비용을 대야 하므로) 회의를 거쳐 의견

을 수렴하여 최종 결정이 났다. 그리고 컴퓨터 회사와 가격을 협상하고, 지방정부로부터 지원금을 받는 과정에서도 시간이 걸렸다. 반면에, 수업 시간 내 학생들의 스마트폰 사용 금지에 대해서는 교장단의 발의부터 학생들에게 통보까지 2시간밖에 소요되지 않았다고 한다.

12. 학교생활이나 기타 생활에 어려움이 있거나 기타 도움을 요청하는 학생들을 위한 사회복지 시스템이 일반 김나지움보다 월등히 잘 구비된 것으로 보인다. 괴팅겐 통합학교에는 총 6명의 전일제 사회복지사들이 근무하는데, 다른 일반 김나지움에는 단 한 명만 배정되어 있다고 한다. 김나지움의 한 교사에 의하면, 자기 학교도 사회복지사 고용을 위한 기금을 지방정부에 요청하였으나 거절당하여 추가 고용을 못한 데 반해, 통합학교에는 6명이나 고용되었으니, 그만큼 통합학교에 대한 정부 지원이 증가함을 반증하는 것이라 한다.

13. 학교 폭력 정도는 매우 낮은 편이다. 독일에서는 자기의 감정을 절제하지 못하는 걸 매우 중대한 과오로 여긴다. 화를 내면 지는 셈이다. 폭력적 행위들은 용납하지 않는 편이나, 그렇다고 아이들끼리 치고받고 싸우는 일을 너무 크게 여기지는 않는다. 자라는 과정에서 크고 작은 다툼은 늘 있기 마련이라고 여기는 경향이다. 왕따 문화는 심각한 수준으로 나타나지는 않는다. 그렇지만, 외국인 학생들, 특히 아직 소수에 불과한 동아시아(중국, 한국, 일본 등)계 학생들은 종종 아이들의 놀림감이 되거나 왕따 경험을 당하기도 한다. 문제는 독일 학

교에서는 이러한 타 민족에 대한 폄하나 따돌림을 인종차별로 인식하지 않는다는 데 있다. 2차 세계대전 이후 나치즘에 대한 반성을 한 터라, 이미 인종차별은 제도적으로 없다고 여긴다. 그러나, 일상에서의 인종차별에 대해서는 매우 둔감하고, 또 그에 대한 개선 의지가 실천된다고 보이지 않는다. 지극히 개인적인 것으로 치부하기 때문이다. 인종차별적 언행을 하는 학생이나 어른들을, 별로 질이 안 좋은 "개인"으로 타자화시키면서, 차별을 경험한 외국인이 그냥 참고 넘어가야 하는 것으로만 치부하는 경향이 강하다.

14. 이러한 일상의 인종차별의 기본 바탕에는, 한국에도 익숙한 자문화중심주의가 있다. 독일 자문화중심주의의 핵심은, 언어 적응력이다. 독일에 있으니 독일어를 해야 하는 것이며, 학교에서는 더더군다나, 언어 구사 능력이 평가에서 가장 중요시된다. 암기식 수업이 거의 철저하게 금지된 학교문화에서, 자기 의견을 내고 그 의견을 정당화하기 위해 지속해서 논리를 펼쳐야 하는 행위는 무척 중요하다. 따라서 정답 중심으로만 말을 해야 하는 문화가 깊게 자리 잡은 한국 이주민 가정의 자녀들은 불이익을 당하기 쉬우나, 독일에서는 이러한 문화적 차이가 인정되지 않는데다, 사실 알려고 하지도 않는다.

15. 통합학교가 기존 서열화된 독일 학교 시스템에 대한 대안으로 등장하여 지난 40여 년간 선호도를 증가시켰다면, 이제는 글로벌 시대에 걸맞는 다문화 감수성, 특히 독일 및 유럽 중심주의를 넘어서 타 문화권에 대한 이해도를 높이고 상대주의적

감각을 어떻게 함양할 수 있는가가 중요한 미래 과제 중 하나가 아닐까 한다.

16. 그리고 개인별 장기와 특성이 계발되고, 하나의 활동에서도 각자의 그런 능력이 서로서로 발휘됨과 동시에 평등하게 존중되는 걸 지향하고는 있으나, 그것이 장단기적으로 서열화로 귀결되지 않는다는 보장은 없을 것이다. 책상그룹 안에서 누군가 한 명이 주도적으로 끌고 나가면서 리더로서의 역할을 하는 반면, 다른 누군가는 어느 순간 그 리더로서의 역할을 맡아보지 못하고 1년을 지내게 되는 경우도 있을 것이다. 이럴 때 리더와 리더가 아닌 학생들의 역할 분담이 자연스럽고 그래서 고착화되는 방향으로 가는 것이 과연 순기능적인지도 고찰해봐야 한다. 교사들에 의해 리더 역할을 바꾸어 가면서 해보도록 유도하여, 숨은 잠재력을 향상시키는 방법도 구사해볼 만한데, 그런 식의 교육법은 아직 생소하다. 독일의 교육 문화에서는 교사가 개인별로 끌어주는 게 아니라, 따라올 아이는 오고 못 오는 아이들은 못 오고 그 학생의 자질로 보는 경향이 아직 있는 듯하다. 여전히 계급 계층의 서열화라는 기존의 습관이 대안교육 문화에도 잔존하고 있는 셈이다. 그리고 이건 매우 저변에 깔려 있는 문화이다. 학교에서만이 아니라, 축구교실에서도 공격에 재능이 보이면 계속 공격수로만 배치한다거나, 골키퍼 하는 아이는 계속 골키퍼를 하게 한다거나 하는 식의 아직 어린 나이이지만 일찌감치 고정화시키려는 추세가 보인다. 이는 각기 다른 재능을 타고났기에 그걸 일찌감치 알

아보고 더욱 키우려고 하려는 식의 긍정적인 면도 있는 반면에, 변화와 변신 등에 대한 열망을 구체화시키지 못하도록 하는 한계 또한 가지고 있는 것으로 보인다. 통합학교에서, 서로 이미 다른 학생들이 모여서 그 다름을 확인하고 키우는 게 아니라, 다름이 변할 수도 있는 것이 교육 과정임을 고려하는 세심함이 구현되기를 기대해본다.

부록 3 독일 학제

영역	나이	학년	구분	학교 형태			
기초 영역	1		학령전교육	Kindergarten			
	2						
	3						
	4						
	5						
1 영역	6	1	초등교육	Grundschule			
	7	2					
	8	3					
	9	4					
2 영역	10	5	중등교육 1단계	김나지움 (Gymnasium) : 대학 진학을 위한 학교	레알슐레 (Realschule) : 실용교육에 초점을 두는 학교	하우프트슐레 (Hauptschule) : 낮은 수준의 학생들을 위한 학교	게잠트슐레 (Gesamtschule) : 통합학교
	11	6					
	12	7					
	13	8					
	14	9					
	15	10					
	16	11	중등교육 2단계	김나지움 상급반, 다양한 유형의 직업교육 학교 등			
	17	12					
	18	13					
3 영역	19		고등교육	University	College	Healthcare academy	Professional school	Labor market Jseeking	Evening classes
	20						
	21						
	22						
	23						

삶과 교육을 바꾸는
맘에드림 출판사 교육 도서

나는 혁신학교에 간다

경태영 지음 / 값 14,000원

공교육을 바꾸겠다는 거대한 희망을 품고 시작된 '혁신학교'. 이 책은 일곱 개 혁신학교의 이야기를 담고 있다. 지금 우리 교육이 변화하는 생생한 현장의 모습과 아이들이 꿈을 키우고 행복하게 공부하는 희망의 터로 새롭게 자리매김하는 학교들을 이 책에서 만날 수 있다.

혁신학교란 무엇인가

김성천 지음 / 값 15,000원

교육공동체가 만들어내는 우리 시대 혁신학교 들여다보기. 혁신학교 전반에 관한 이야기를 다루고 있는 책으로, 공교육 안에서 혁신학교가 생기게 된 역사에서부터 혁신학교의 핵심 가치, 이론적 토대, 원리와 원칙, 성공적인 혁신학교의 모습을 보이고 있는 단위학교의 모습까지 담아냈다.

학부모가 알아야 할 혁신학교의 모든 것

김성천, 오재길 지음 / 값 15,000원

학부모들을 위한 혁신학교 지침서!
'혁신학교에서는 무엇을, 어떻게 가르치고 있는지, 교사·학생·학부모는 어떻게 만나서 대화하고 관계를 맺어 가는지, 어떤 교육 목표를 지향하고 있는지 등 이 책은 대한민국 학부모들의 궁금증에 친절하게 답을 한다.

덕양중학교 혁신학교 도전기

김삼진 외 지음 / 값 14,500원

이 책의 1부는 지난 4년 동안 덕양중학교가 시도한 혁신과 도전, 성장을 사실과 경험에 기반한 스토리텔링 방식의 성장기로 전개하고 있다. 그리고 2부는 지역사회와 협력하여 펼치고 있는 교육 프로그램, 배움의 공동체 수업 등을 현장 사례 중심의 교육적 에세이 형태로 담고 있다.

학교 바꾸기 그 후 12년

권새봄 외 지음 / 값 14,500원

MBC PD 수첩에 방영되어 화제가 되었던 남한산초등학교. 아이들이 모두 행복하고, 얼굴 표정이 밝은 아이들. 학교가는 것을 무엇보다 좋아하고, 방학을 싫어하는 아이들. 수업과 발표를 즐겼던 이 학교를 졸업한 아이들이 그 후 12년의 삶을 세상에 이야기한다.

교사는 수업으로 성장한다

박현숙 지음 / 값 12,000원

그동안 교사는 수업에서 아이들을 만나지 못해왔다. 관계와 만남이 없는 성장의 결손을 낳았다. 그리하여 우리 아이들과 교사들은 모두 참 아프고 외로웠다. 이 책에서는 교사, 학생, 학부모, 지역사회가 공동체로서 서로 관계를 맺을 때에만 배움은 즐거운 활동으로서 모두가 성장하는 삶의 일부가 될 수 있음을 보여준다.

교사와 학부모가 함께 읽는 주제 통합 수업

김정안 외 지음 / 값 15,000원

'서울형 혁신학교'로 지정된 7개 혁신학교들이 지난 1~2년 동안 운영한 주제 중심 통합 교육 과정과 수업 사례를 소개한 책이다. 이 학교들의 교육과정은 전국적으로 이루어지는 혁신학교들의 성과를 반영하였고, 자신의 지역사회의 실제 환경과 경험을 살려 실제 수업에 적용한 것이다.

혁신교육 미래를 말한다

서용선 외 지음 / 값 14,000원

혁신교육은 2009년 이후 공교육 되살리기의 새로운 희망이 되어왔다. 이러한 정책을 입안하고 추진하는 데 기여해왔던 6명의 교사 출신 연구자들이 혁신교육 발전에 필요한 정책 과제들을 모아 하나의 책으로 제시한다. 이 책은 교육철학, 교육과정, 교육행정과 학교 운영(거버넌스) 등에서 주요 이슈들을 정리하고 혁신교육의 성과와 과제가 무엇인가를 보여준다.

수업을 살리는 교육과정

서우철 외 지음 / 값 16,500원

최근 교육과정을 재구성하는 논의가 활발한 가운데, 이 책에서는 개별 교과목과 교과서의 형식에 얽매이지 않고 아이들의 발달을 고려하여 주제를 중심으로 교육과정을 재구성하여 통합적으로 운영하는 방법과 구체적인 실천 사례를 설명하고 있다. 이러한 과정은 같은 학년을 맡고 있는 교사들의 토론과 협력을 통해서 이루어진 것임을 이야기한다.

수업 딜레마

이규철 지음 / 값 14,000원

이 책을 관통하는 키워드는 '사람'이다. 저자의 노하우를 전수하는 것이 아니라, 수업 속에서 딜레마에 맞닥뜨려 고통 받고 있는 선생님들의 고민을 담고, 신념을 담고, 그것을 이겨내기 위한 한 분 한 분의 마음을 담고 있다. 이런 고민 속에 이 책을 집어 든 나를 귀하게 여기며 다시 한번 교사로 잘 살아보고 싶은 도전을 하게 한다.

좋은 엄마가 스마트폰을 이긴다

깨끗한미디어를위한교사운동 지음 / 값 13,500원

스마트폰에 대한 아이들의 집착은 대단하다. 스마트폰은 '재미있고 편리하다.' 그러나 스마트폰 때문에 아이들은 시간을 빼앗기고, 건강이 나빠지고, 대화가 사라지며, 공부와 휴식, 수면마저 방해를 받는다. 이 책은 이러한 사례들을 생생하게 소개하고 부모들에게 아이들의 스마트폰 사용에 어떻게 대응해야 하는지 대안을 제시한다.

엄선생의 학급운영 레시피

엄은남 지음 / 값 14,000원

34년 경력의 현직 교사가 쓴 학급운영의 생동감 넘치는 지침서. 초등학교에서 아이들은 문자와 숫자를 익히는 것보다 학교와 교실에서 낯설고 모험적인 사건을 겪으면서 더 많은 것을 배운다. 이 책은 초등학교에서 교과서 지식보다 더 중요한 역할을 하는 학교생활과 학급문화를 만드는 데 담임교사의 역할을 다룬다. 교사와 아이들이 서로 존중하고 신뢰하는 관계를 어떻게 만들어야 하는지 구체적인 경험과 사례로 설명해준다.

진짜 공부
김지수 외 지음 / 값 15,000원

혁신학교가 추구하는 '진짜 공부'와 '진짜 스펙'이 무엇인지 보여주는, 졸업생들의 생동감 넘치는 경험담. 12명의 졸업생들은 학교에서 탐방, 글쓰기, 독서, 발표, 토론, 연구, 동아리, 학생회 활동을 통해 자신들이 생각하지도 못한 진짜 공부를 경험했음을 보여준다. 이 책을 통해 수능시험이 아니라 정말로 청소년 스스로 하고 싶을 즐기면서 성장하는 것이 우리 사회에 필요한 것임을 새삼 느낄 수 있다.

수업 디자인
남경운, 서동석, 이경은 지음 / 값 15,000원

서울형 혁신학교의 대표적인 수업 혁신을 담은 이야기. 아이들이 서로 협력하면서 배우는 수업을 목표로 삼은 저자들은 범교과 수업모임을 통한 공동 수업설계를 대안으로 제시한다. 아이들은 교사의 설명을 통해 배우는 것이 아니라 서로 '옥신각신'하며 함께 문제에 도전할 때 수업에 몰입하고 배우게 된다. 이 책은 이러한 수업을 위해서 교사들이 교과를 넘어 어떻게 협력하고 수업을 연구해야 하는지 잘 보여준다.

아이들이 가진 생각의 힘
데보라 마이어 지음 / 정훈 옮김 / 값 15,000원

미국 공교육 개혁의 전설적 인물 데보라 마이어가 전하는 교육 개혁에 대한 경이롭고도 신선한 제언. 이 책은 학교 혁신의 생생한 기록을 통해 우리가 학교에서 무엇을 왜 가르치고 배워야 하는지에 대한 근원적인 성찰을 담고 있다. 아이들이 지성적으로 생각하는 마음의 습관을 배우는 것이 얼마나 중요하고 그것을 위해 학교가 무엇을 해야 하는지를 일깨워준다.

어! 교육과정 아하! 교육과정 재구성
박현숙 ·이경숙 지음 / 값 16,500원

교육과정 재구성을 고민하는 교사를 위한 현장 지침서. 이 책은 저자들이 학교 현장에서 교육과정 재구성이라는 화두를 고민하고, 실행한 사례들이 담겨져 있다. 책의 내용은 주제 통합 수업, 교과 통합 수업, 범교과 주제 학습, 교과 체험 학습, 프로젝트 수업 등 학교 현장에서 적용해 큰 성과를 본 것들을 세밀하게 소개하면서 교육과정 재구성작업의 노하우를 펼쳐보인다.

행복한 나는 혁신학교 학부모입니다

서울형혁신학교학부모네트워크 지음 / 값 16,000원

이 책은 학부모가 자신의 눈높이에서 일러 주는 아이들의 혁신학교 적응기일 뿐만 아니라, 학부모 역시 학교를 통해 자신의 삶을 고양 시켜 가는 부모 성장기라는 점에서 대한민국의 모든 학부모들에게 건네는 희망 보고서이기도 하다. 혁신학교가 궁금한 모든 학부모들이 이 책을 통해 혁신학교 학부모로서의 체험을 미리 하는 데 부족함이 없을 것이다.

일반고 리모델링 혁신고가 정답이다

김인호, 오안근 지음 / 값 15,000원

교육 환경이 열악한 지역에 있던, 서울의 한 일반계 고등학교가 혁신학교로 4년간 도전과 변화를 겪으면서 쌓은 진로, 진학의 비결을 우리 사회 모든 학생, 학부모, 교사, 시민 등에게 낱낱이 소개해주는 책. 이 책은 무엇보다 '혁신학교는 대학 입시에 도움이 안 된다.'는 세간의 편견을 말끔히 떨어 없앴다. 이 책에서 저자들은 '결과' 중심 교육과정을 '과정' 중심으로 바꾸고, 교내 대회와 동아리 활동, 봉사 활동을 장려함으로써 대학 진학에 놀라운 결과가 어떻게 이루어질 수 있었는지를 보여주고 있다.

우리가 신뢰하는 학교, 어떻게 만들 것인가?

데보라 마이어 지음 / 서용선 옮김 / 값 15,000원

이 책의 저자인 데보라 마이어는 보수와 진보를 막론하고 미국 공교육 개혁 분야에서 가장 신뢰받는 실천가이자 이론가로 평가받는다. 학교 안에서 '신뢰의 붕괴'를 오늘날 공교육이 직면한 가장 큰 도전으로 인식한다. 이 책의 원제 〈In Schools We Trust〉에서 나타나듯, 저자는 신뢰할 수 있는 공교육의 조건이 무엇인지 자신의 경험 속에서 제안하고, 탐색하고, 성찰한다.

교사, 어떻게 살아야 하는가

김성천외 지음 / 값 15,000원

오랫동안 교육현장에서 교육과 연구를 병행해 온 저자 5인이 쓴 '신규 교사를 위한 이 시대의 교사론'. 이 책은 학교 구성원과의 관계맺기부터 학교 현장에서 맞닥뜨리게 되는 여러가지 문제들과 극복 방법, 교육 개혁에 어떻게 주체로 설 수 있는지, 어떤 과정을 통해 개인의 성장을 도모해야 하는지 등 신규 교사의 궁금점에 대해 두루 답하고 있다.

리셋, 교육과정 재구성

서울신은초등학교 교육과정 연구회 모임 지음 / 값 16,000원

서울형 혁신학교인 서울신은초등학교 교사들이 1학년부터
6학년까지 모든 학년의 교육과정을 재구성하고 실천한 경험을
모두 담았다. 이 책에 소개된 혁신학교 4년의 경험은 진정한
학습이란 몸과 마음을 통해 경험함으로써, 생각이나 감정을 다른
사람과 주고받음으로써, 과거 경험을 새로운 지식으로 다시
생각함으로써 실현된다는 점을 잘 보여주고 있다.

다섯 빛깔 교육이야기

이상님 지음 / 값 16,000원

충북 혁신학교(행복씨앗학교)인 청주 동화초등학교의 동화 작가
출신 선생님이 아이들과 함께 보낸 한해살이 이야기다.
이오덕 선생의 "아이들의 삶을 가꾸는 교육"을 고민하던 저자가
동화초 아이들을 만나면서 초등학생의 특성에 맞도록 활동 중심의
교육과정을 재구성하는 한편, 표현 위주의 교육을 위한 생활
글쓰기 교육을 실천하면서, 학교 교육을 아이들의 놀이와 생활,
삶과 연결시키고자 노력한 교단 일지를 바탕으로 구성되었다.

만들자, 학교협동조합

박주희 · 주수원 지음 / 값 14,500원

이 책은 학교협동조합이 무엇인지, 어떤 유형의 학교협동조합이
가능한지, 전국적으로 현재 학교협동조합의 추진 상황은 어떠한지,
국내외 사례를 통해 소개하고 안내하는 한편, 학교협동조합을
운영하는 원리와 구체적인 교육방법을 상세하게 풀어놓고 있다.
저자들이 실천적 지침들을 따라가다 보면 학교협동조합은 더 이상
상상이 아니라 학교 구성원의 필요와 의지, 실천으로 극복할 수
있는 실현 가능한 미래라는 점을 알 게 된다.

땀샘 최진수의 초등 수업 백과

최진수 지음 / 값 21,000원

초등학교에서 20여 년간 아이들을 가르쳐온 저자가 초등학교
수업에 대해서 기록하고 연구하고 실천하며 쌓아온 경험을
바탕으로 초등학생들과 수업을 함께하는 방법을 담고 있다.
아이들의 학습동기, 아이들이 수업에 참여하는 방법, 칠판과
공책을 사용하는 방법, 모둠 활동, 교과별 수업, 조사와 발표
등 초등학교 교사가 아이들을 가르칠 때 알아야 할 가장
기본적이면서도 가장 중요한 모든 것을 다루고 있다.

혁신 교육 내비게이터 곽노현입니다
곽노현 편저 · 해제 / 값 17,000원

서울시 18대 교육감이자 첫 번째 진보 교육감으로서 혁신 교육을 펼쳤던, 곽노현은 우리 사회 전반을 아우르는 주요 교육 현안들을 이 책에서 포괄적으로 다루고 있다. 2014년 3월부터 1년간 방송된 교육 전문 팟캐스트 '나비 프로젝트' 인터뷰에 출연한 전문가들과 나눈 대화와 그에 대한 성찰적 후기를 담고 있다. 이 책은 그야말로 우리가 '지금 알아야 할 최소한의 교육 이야기'를 포괄하고 있다.

독자 여러분의 소중한 원고를 기다립니다

맘에드림 출판사는 독자 여러분의 소중한 원고를 기다리고 있습니다. 원고가 있으신 분은 nurio1@naver.com으로 원고의 간단한 소개와 연락처를 보내주시면 빠른 시간에 검토하여 연락을 드리겠습니다.